Les quatre saisons des Cantons de l'Est

Les quatre saisons des Cantons ~de~ l'Est

PAUL LARAMÉE ET MARIE-JOSÉ AUCLAIR

PRÉFACE DE CLÉMENCE DESROCHERS

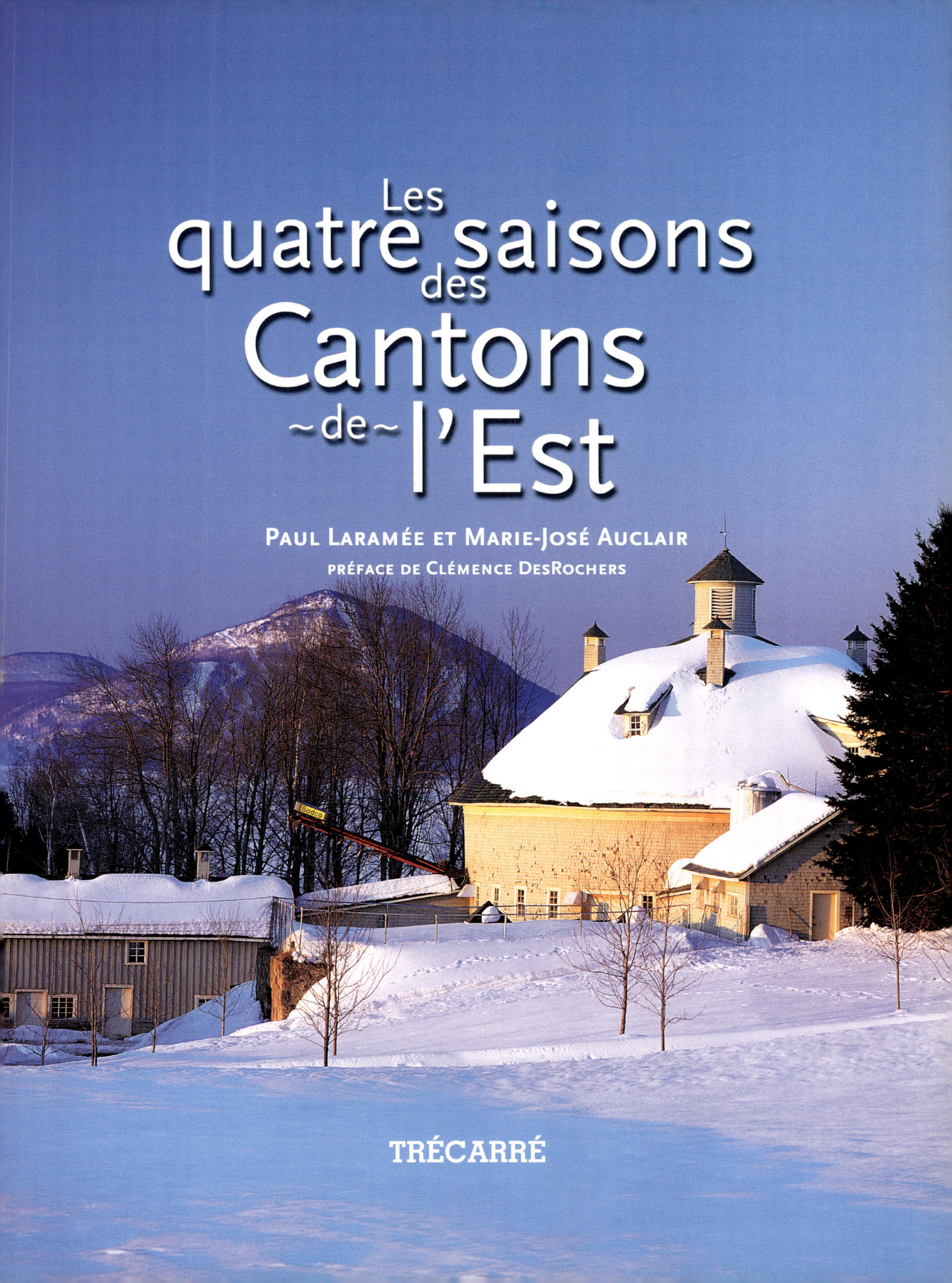

TRÉCARRÉ

La reproduction de l'extrait de l'oeuvre *Le tour de l'île* (Félix Leclerc) est publiée avec l'aimable autorisation de Olivi Musique.

Données de catalogage avant publication (Canada)

Laramée, Paul, 1956-

Les quatre saisons des Cantons-de-l'Est

Comprend des réf. bibliogr.

ISBN 2-89249-971-2

1. Cantons-de-l'Est (Québec). 2. Cantons-de-l'Est (Québec) - Guides. 3. Cantons-de-l'Est (Québec) - Ouvrages illustrés. I. Auclair, Marie-José. II. Titre.

FC2943.4.L37 2002 971.4'6 C2002-940627-7
F1054.E.13L37 2002

Conception graphique et mise en pages: Cyclone design communications
Révision : Monique Thouin
Directrice de l'édition : Colette Laberge

Nous reconnaissons l'aide financière du gouvernement du Canada par l'entremise du Programme d'aide au développement de l'industrie de l'édition (PADIÉ) pour nos activités d'édition; du Conseil des arts du Canada; de la SODEC; du gouvernement du Québec par l'entremise du Programme de crédit d'impôt pour l'édition de livres (gestion SODEC).

ISBN 2-89249-971-2

Dépôt légal 2002
Bibliothèque nationale du Québec

Imprimé au Canada

Éditions du Trécarré, division de Éditions Quebecor Média inc.
7, chemin Bates
Outremont (Québec) Canada

1 2 3 4 5 06 05 04 03 02

Table des matières

Préface

Aujourd'hui, jour gris, forêt sombre, lac gelé. Heureusement le mont Owl's Head, avec ses pistes de ski encore enneigées, découpe la grisaille. Voilà mon décor. Mon proche voisin, c'est le monastère de Saint-Benoît. Hier, j'ai vu une douzaine de cerfs de Virginie à l'orée de la forêt des moines. Nous sommes en mars, pas vraiment la bonne saison pour visiter les Cantons. J'ai fait un feu et je lis le très beau livre de Marie-José et Paul. Comme certaines images me sont familières !

Je suis née à Sherbrooke, j'ai grandi dans une maison entourée d'usines, mais l'amour de la campagne m'habitait. Dès que j'en ai eu les moyens, je me suis acheté une ancienne école de rang à Sutton. Je l'ai habitée pendant quelques années. C'est là que j'ai gauchement planté mes premiers jardins. Je rêvais d'un chalet au bord de l'eau. Après de longues recherches, j'arrive au bout d'un rang, je découvre d'abord un gigantesque pin, ensuite la maison entourée d'arbres et de fleurs, et le lac et la montagne. C'est ici chez moi, je le veux !

J'y suis depuis plus de vingt ans. Printemps, été, automne, hiver, c'est beau. J'hésite même à partir en voyage, j'ai peur de manquer les levers du soleil, de m'ennuyer du lac, des baignades, des promenades en kayak, de l'apéritif à cinq heures sur le bateau qui glisse à la dérive. Je reconnais sur les photos le mont Orford en automne. L'orgie des couleurs, les grands champs, les meules de foin enroulé, la grange ronde, le clocher du monastère, un mur de roches, des fleurs sauvages, des oiseaux familiers, des plantations de sapins et d'épinettes, des bouleaux, des arbres blancs écrasés par la neige. Je connais, je connais ! Printemps, été, automne, hiver, c'est beau, toujours nouveau.

Les auteurs de ce livre sont comme moi, amoureux des Cantons.

Clémence DesRochers

Pont Baltazar à Brigham.

À Jean-Paul

Mot des auteurs

Les Cantons-de-l'Est sont uniques ! Cette région, aux confins sud du Québec, est en effet privilégiée à plusieurs égards. Non loin de grands centres urbains, la contrée nous plonge dans un cadre exceptionnel de paysages et de lieux habités.

Le relief de plateaux et de montagnes ondulées ainsi que le réseau de rivières et de lacs majestueux procurent aux Cantons-de-l'Est une grande variété d'habitats naturels. Les parcelles de terres cultivées en alternance avec les forêts composent des paysages agricoles enchanteurs.

Les Cantons-de-l'Est ont été le théâtre d'acteurs de diverses origines, qui ont donné un visage bien particulier à l'histoire de ce coin de pays. Le peuplement de la région par des populations aux mœurs et aux habitudes différentes est bien singulier au Québec. Il a marqué le mode de vie et le patrimoine culturel des premiers habitants des Cantons-de-l'Est, et ce trait distinctif se manifeste encore aujourd'hui à travers l'architecture de la région. Les ponts couverts, les granges rondes, les maisons, les églises de différentes confessions religieuses et les cimetières en sont quelques témoins silencieux.

En sillonnant les routes secondaires et les chemins de l'arrière-pays, nous avons découvert de petits villages charmants et surtout, l'hospitalité et la fierté des gens qui les habitent. Nous vous invitons donc à découvrir, au fil des saisons, la merveilleuse mosaïque de milieux naturels et humains de la région des Cantons-de-l'Est. En voyageant à travers les saisons, nous espérons vous transmettre le plaisir d'apprécier la richesse de son patrimoine et surtout, le désir de conserver sa valeur pour les générations futures.

Aux abords de la rivière aux Brochets, le site du moulin à grains de Frelighsburg est imprégné de calme et de sérénité. Construit en 1839, il est classé monument historique. C'est aujourd'hui une splendide résidence privée.

INTRODUCTION

Nous avons tellement associé nos âmes
À ce coin de pays dès que nous l'avons vu,
Qu'il nous était comme un terroir
ressouvenu
Où, voilà quarante années passées,
nous nous aimâmes.

Alfred DesRochers

Les Cantons-de-l'Est forment l'une des plus belles régions du continent. Ils s'étendent à l'est de la vallée du Richelieu sur près de 15 000 km^2, délimités au nord par la vallée du Saint-Laurent et au sud par la frontière américaine. La région couvre un peu moins de 1 % de la superficie du Québec, ce qui équivaut à la moitié de l'étendue de la Belgique. Cet espace relativement restreint regorge de grandes richesses naturelles, historiques et culturelles.

À partir de la plaine du Saint-Laurent, le paysage des Cantons-de-l'Est se démarque par ses collines ondulées et ses montagnes modelées par les forces et le mouvement des glaciers. La région, tout comme la Gaspésie, est rattachée à la formation des Appalaches, un des grands ensembles géologiques du

PAYSAGE TYPIQUE DES CANTONS-DE-L'EST : MONTAGNES ARRONDIES, LARGES VALLÉES ET GRANDS LACS CREUSÉS PAR LES GLACIERS.

Ce paysage rural de la région de Compton, sculpté par l'agriculture, caractérise bien les Cantons-de-l'Est.

Québec méridional. Ces très vieilles montagnes, au profil arrondi, s'étendent de l'Alabama jusqu'à Terre-Neuve dans l'est de l'Amérique du Nord sur plus de 2 500 km.

Entre les massifs montagneux, les vallées fertiles sont sillonnées de rivières paisibles. On y remarque à l'occasion de magnifiques gorges escarpées. De majestueux lacs, entourés de vallons en pente douce ou appuyés contre des murailles de roc, ponctuent le territoire. Les maisons de ferme et de charmants villages agrémentent le paysage.

La forêt, composée à 70 % de feuillus, abrite de nombreuses espèces fauniques, ce qui confère aux Cantons-de-l'Est une grande richesse sur le plan écologique. À l'automne, ce mélange d'essences d'arbres où domine l'érablière rayonne de coloris spectaculaires.

Profitant des ondulations du terrain, le paysage rural s'ouvre sur de magnifiques percées visuelles. Les champs en culture et les vastes pâturages, en alternance avec les espaces forestiers, présentent une mosaïque de couleurs et de formes des plus captivantes. Sans doute l'un des plus beaux paysages agricoles du Québec !

Vallée de la rivière Missisquoi dans la région de Bolton. Les montagnes au sommet arrondi de la chaîne des Appalaches ont été modelées par les glaciers.

Le village de Frelighsburg est ainsi nommé en l'honneur d'un de ses fondateurs, Abram Freligh, originaire de la région de New York. Il s'y établit vers 1800 avec sa famille. En arrière-plan, le mont Pinacle dans les contreforts des Appalaches.

Le patrimoine architectural des Cantons-de-l'Est, façonné par l'arrivée des loyalistes vers la fin du XVIIIe siècle, témoigne de l'histoire et du mode de vie de cette époque. Les granges rondes, les édifices publics, les modestes maisons vernaculaires et les églises de bois ainsi que les cimetières familiaux où se dressent de vieilles pierres tombales, reflètent les traditions des premiers colons.

La splendeur des paysages, jumelée au charme anglo-saxon du patrimoine bâti, fait de certains villages des lieux de villégiature hautement recherchés. On peut y admirer de magnifiques demeures de style propre à la Nouvelle-Angleterre, rappelant la période victorienne.

Les routes secondaires offrent les charmes discrets de la campagne et sont ponctuées de petites agglomérations au cachet bien particulier. Bon nombre d'entre elles portent des noms à consonance anglophone et témoignent de la première vague d'occupation.

Les églises constituent le cœur du patrimoine bâti et sont à l'image des communautés qui les ont érigées. L'institution protestante apparaît avec les débuts de la colonisation et regroupe une grande diversité de confessions religieuses. Datant de 100 à 150 ans, ces édifices de bois ont bien conservé leur caractère traditionnel. Quelques-uns sont en brique ou en pierre. Ce sont de véritables joyaux d'architecture nichés au sein des paysages appalachiens. La communauté francophone a aussi marqué le paysage par des églises parfois monumentales, des calvaires et des croix de chemin.

Les routes de campagne réservent d'agréables surprises et permettent la découverte de ponts

Dans le village de Sutton, coquette demeure de style néo-Queen Anne, qu'on appelle couramment « maison victorienne ». On remarque sur celle-ci le bardeau en écailles sur le mur-pignon.

couverts en bois. Généralement campés dans un décor bucolique, ils évoquent aussi le mode de vie d'une autre époque. Les Cantons-de-l'Est présentent un grand nombre de structures de conception différente, parmi lesquelles les plus anciens ponts couverts encore en service au Québec.

ÉVOLUTION

du paysage et du peuplement

Nous n'héritons pas
la terre de nos ancêtres;
nous l'empruntons à nos enfants.

Proverbe amérindien

La genèse des paysages

Les falaises de pierre qui se dressent de part et d'autre de l'autoroute des Cantons-de-l'Est sont typiques du paysage appalachien. Le profil incliné et déformé de ces affleurements rocheux illustre à merveille le contraste des Appalaches avec les roches de la plaine du Saint-Laurent. Ces dernières, plutôt disposées à l'horizontale, se sont formées à peu près à la même époque, mais sans subir autant de transformations.

Dans le territoire appalachien, on observe ainsi des plissements dans la roche formant des strates basculées. Ces structures reflètent les grands bouleversements géologiques qui ont donné naissance

Le majestueux mont Mégantic, l'un des plus haut sommets du Québec méridional. Malgré sa situation au cœur des Appalaches, il fait partie des Montérégiennes. Son cœur est formé de granit.

Les roches inclinées le long de l'autoroute 10 indiquent que l'on a atteint les Cantons-de-l'Est. À mesure que l'on progresse dans les Appalaches, les strates se redressent de plus en plus.

Comme des rides, ces plis dans la roche près d'Abercorn racontent l'histoire géologique de la région. Ils résultent des grandes pressions à l'origine des Appalaches, il y a 450 millions d'années.

aux Appalaches. Elles ont été comprimées et plissées lorsque des masses continentales ont surgi d'un océan aujourd'hui disparu, soulevant l'est de l'Amérique du Nord, il y a de cela environ 450 millions d'années. Ainsi naquirent les Appalaches.

Certaines roches, déformées avec la pression et recuites dans les profondeurs de la Terre, sont constituées de schiste et d'ardoise. On en trouve notamment dans la région des monts Sutton et du Val Saint-François. Des carrières d'ardoise dans la région de Melbourne ont d'ailleurs été exploitées jusque dans les années 1920. Les mouvements de la croûte terrestre firent émerger les monts Owl's Head et Orford. Les riches gisements d'amiante d'Asbestos proviennent des roches «péridotite» de couleur olive foncé qui composaient le fond océanique. Cette zone recèle des gisements de divers métaux. Le commerce du cuivre dans la région de Potton, Bolton et Sutton connut un essor important durant la guerre de Sécession américaine.

Un deuxième grand bouleversement de la croûte terrestre, il y a 360 millions d'années, a permis la remontée de roches granitiques. Ces magmas, qui ont cristallisé à plusieurs kilomètres sous la surface de la croûte terrestre, ont été depuis lors dégagés par l'érosion causée par le vent, l'eau et les glaciers. Les monts Saint-Sébastien et Sainte-Cécile ainsi que les régions de Scotstown et du lac aux Araignées sont issus de ces intrusions granitiques. Certains de ces massifs de granit sont d'ailleurs à l'origine de l'exploitation de carrières importantes dans la région de Beebe Plain et de Graniteville.

Les monts Shefford, Bromont et Mégantic ont, quant à eux, une origine plus récente puisqu'ils datent de 125 millions d'années. Le glissement du continent nord-américain au-dessus d'un point chaud du globe terrestre a favorisé la remontée de roches en fusion (magma) en provenance des profondeurs de la Terre. Ces masses rocheuses s'étaient cristallisées sous la surface terrestre. Elles furent mises à nu par l'érosion, qui dégagea les roches plus tendres les entourant et forma ainsi le relief des Montérégiennes.

Durant le quaternaire, notre époque, de grandes variations du climat se sont produites. La première phase glaciaire a débuté, il y a un million d'années, et plusieurs autres lui succédèrent, repoussant chaque fois les espèces animales et végétales vers le sud du continent. En avançant, le glacier érodait les roches sur lesquelles il glissait, élargissant les vallées, arrondissant le sommet des montagnes. Au cours de ces

La muraille d'Orford. Tout comme le mont Owl's Head, le mont Orford est le vestige d'un océan disparu.

périodes, l'avancement et le retrait des glaciers ont donc profondément modifié le paysage du Québec et ses écosystèmes. Il y a tout juste 20 000 ans, une immense calotte de glace, l'*Inlandsis laurentien*, occupait tout le nord-est de l'Amérique du Nord, atteignant par endroits 2,5 km d'épaisseur. Alors qu'aujourd'hui 10 % de la surface des continents est recouverte par les glaciers, à certaines époques cette surface pouvait atteindre 30 %. La dernière période glaciaire prit fin il y a environ 13 000 ans, laissant place à d'immenses lacs glaciaires, à l'origine des

Les filons de quartz de coloration blanchâtre que l'on peut observer sur les parois rocheuses des Cantons-de-l'Est sont des infiltrations de roche ayant subi de très fortes températures, dans les coulées de lave volcanique. Sous forme cristalline, c'est l'une des plus belles œuvres de la nature. Les cristaux de quartz du gisement de Bonsecours sont utilisés dans les technologies de l'électronique et de l'optique.

Le lac Memphrémagog, le plus grand lac des Cantons-de-l'Est, est une immense cuvette creusée par le passage des glaciers. Sa partie méridionale s'étend jusque dans l'État du Vermont.

grands lacs des Cantons-de-l'Est. Dans la plaine du Saint-Laurent et le Piedmont appalachien, la déglaciation forma la vaste mer de Champlain.

Une fois disparus, les glaciers laissent derrière eux un épais manteau de débris rocheux de forme et de tailles diverses. Les traces du passé se manifestent aussi le long des rivières. Les phénomènes glaciaires expliquent les fréquentes dénivellations brusques des cours d'eau des Cantons-de-l'Est. Dans certains secteurs, le creusement du glacier et l'érosion de l'eau après le retrait des glaces ont causé la formation des gorges profondes comme celles de Coaticook ou de la rivière Magog à Sherbrooke. Les colons ont su tirer parti du pouvoir énergétique de ces rivières en construisant de nombreux moulins.

À la gorge du mont Écho, la dénivellation dans le paysage est spectaculaire.

Le Piedmont appalachien aux formes allongées s'étale au pied de l'ensemble montagneux des Appalaches.

Du Saint-Laurent aux Appalaches, une montée en paliers

Les Cantons-de-l'Est présentent trois grandes régions naturelles d'altitude variable : les Basses Terres, le Plateau appalachien et les montagnes frontalières. L'altitude s'accroît à mesure que l'on progresse au cœur des Appalaches.

Les basses terres appalachiennes

Les collines allongées du Piedmont appalachien forment une zone de transition entre la plaine du Saint-Laurent et les plateaux montagneux des Appalaches. La région couvre la Municipalité régionale de comté (MRC) de la Haute-Yamaska et une partie de celle de Brome-Missisquoi. Ces Basses Terres appalachiennes ont l'aspect d'une plaine ondulée. Le relief s'accentue, passant de 60 m à 150 m d'altitude, à l'approche des Appalaches. À l'ouest du territoire, la baie Missisquoi fait partie de la plaine du Saint-Laurent.

Depuis Montréal, en direction de Granby et Cowansville, on peut observer un chapelet de petites montagnes; les Montérégiennes, dont font partie les monts Brome et Shefford, se démarquent nettement dans le paysage.

Après le retrait de la mer de Champlain, des petits lacs peu profonds se sont graduellement remplis de débris végétaux et ont formé des zones de marécages et de tourbières telles que l'étang Roxton ainsi que le lac Boivin à Granby.

Profitant de la douceur du climat et d'un sol riche des argiles de la mer de Champlain, le Piedmont appalachien est propice à une grande diversité de cultures. Vergers, vignobles, érablières et culture de petits fruits s'y épanouissent. Située au cœur du Piedmont, la région de Dunham est le berceau des vignobles du

La grange Walbridge de Mystic, érigée en 1882, est remarquable par l'originalité de son architecture à douze côtés coiffés de pignons.

Ferme de Kingscroft vouée à la production laitière dans la région de Coaticook.

Le mont Ham vu de Saint-Georges-de-Windsor. Les terres cultivées alternent avec la forêt.

Québec. La région de Frelighsburg est, quant à elle, réputée pour ses merveilleux vergers de pommiers.

À cause de l'importance de l'agriculture dans le Piedmont, la forêt y est plutôt morcelée. Elle est surtout composée d'espèces à feuilles caduques formant l'érablière à tilleul. On y retrouve l'érable à sucre dont certains spécimens centenaires, l'érable rouge, le tilleul, le bouleau jaune, le frêne d'Amérique et le hêtre.

Le patrimoine bâti, avec ses résidences victoriennes et ses granges aux formes inhabituelles, est riche de l'héritage laissé par les loyalistes, qui se sont d'abord établis dans le comté de Brome-Missisquoi.

Le plateau appalachien

Cette région centrale qui comprend l'Estrie, est polarisée autour de la ville de Sherbrooke et occupe la plus grande superficie des trois régions des Cantons-de-l'Est.

Le relief du Plateau appalachien, intermédiaire entre les Basses Terres et les montagnes frontalières, est généralement formé de coteaux en pente faible. Cependant, le massif des monts Sutton, situé dans le prolongement des montagnes Vertes du Vermont, présente un relief plus accentué. Les monts Sutton couvrent un vaste territoire allant de la frontière près de Glen Sutton jusqu'aux environs de Melbourne, au-delà du mont Orford. Ce territoire regroupe une partie de la MRC de Brome-Missisquoi et celle de Memphrémagog. On y observe de hautes collines aux versants souvent escarpés. Les montagnes Sutton (967 m), d'Orford (876 m) et Owl's Head (754 m), où le roc affleure, sont les principaux sommets.

De nombreux plans d'eau nichés entre les collines ponctuent le paysage : les lacs Memphrémagog, Massawippi et Brompton sont les plus imposants. Ces vallées profondes aux formes allongées ont été creusées par les glaciers et sont demeurées inondées par l'eau de fonte.

En raison du climat doux des vallées, la forêt de feuillus, composée de l'érablière à tilleul et de l'érablière à bouleau jaune, s'y épanouit. Sur les sommets, la végétation, plus typique du milieu boréal, comprend des conifères.

Modeste maison vernaculaire, édifiée en 1842. Ses murs sont recouverts de petites planches qui se chevauchent. Selon une tradition des loyalistes, on plantait deux pins devant la maison.

La forêt relève du domaine privé. Même s'il subit les pressions exercées par l'exploitation forestière et le développement, le couvert forestier demeure encore très important. On y trouve aussi des terres agricoles, principalement dans le bas des versants. Avec son relief, ses grandes étendues d'eau et ses massifs forestiers, composés de forêts de feuillus abritant de nombreuses espèces fauniques, la région des monts Sutton offre une grande richesse écologique.

L'autre sous-région du Plateau appalachien, constituée par les chaînons de l'Estrie, s'étend de la ville de Sherbrooke vers la Beauce et comprend, à l'est, les MRC du Haut-Saint-François et du Granit; au centre, celles de Sherbrooke, du Val Saint-François et d'Asbestos; et, au sud-est, celle de Coaticook. Elle présente un relief moins accentué que les monts Sutton et une altitude plus faible d'environ 350 m. Des coteaux très arrondis aux versants en pente douce et de larges vallées parcourent le territoire. Cette région offre le charme d'une campagne où l'agriculture alterne avec la forêt, qui occupe environ 70 % de la superficie. La rivière Saint-François, qui traverse le plateau appalachien d'est en ouest vers le fleuve Saint-Laurent, s'écoule le long d'une large vallée. Quelques collines démarquées ponctuent le paysage et s'élèvent bien au-dessus des coteaux environnants : les monts Stoke, Ham, le morne de Saint-Sébastien et le mont Sainte-Cécile. Ce dernier culmine à près de 900 m.

Dans cette région, les lacs Aylmer, Saint-François et Mégantic sont les plus importants. Les glaciers ont aplani les sommets escarpés et ont rempli les dépressions de dépôts glaciaires. Dans les secteurs accidentés, leur passage et celui des rivières qui leur ont succédé ont creusé des dénivellations importantes dans le paysage. Le phénomène est spectaculaire à la gorge de Coaticook! La rivière passe à l'intérieur d'un corridor étroit et profond dont les parois rocheuses s'élèvent sur une hauteur de 50 m.

Les conditions climatiques clémentes et le nombre de jours sans gel favorisent une grande diversité de cultures. Les environs de Coaticook sont particulièrement réputés pour l'élevage, surtout de vaches laitières. Compton est également reconnue pour ses élevages et ses vergers. Le défrichement de la région a favorisé le développement d'habitats propices au cerf de Virginie.

En plus de la production laitière et les produits de la pomme, le sirop d'érable constitue lui aussi un créneau commercial important. C'est le domaine de l'érablière à bouleau jaune. Malheureusement, la pollution atmosphérique, notamment par les précipitations acides, est en bonne partie responsable du dépérissement des érablières. Les paysages sont spectaculaires à l'automne, moment où les feuilles d'érable adoptent des couleurs variant du jaune au rouge fluorescent.

Le climat au sommet du mont Mégantic s'apparente au milieu nordique. On y rencontre des forêts semblables à celles du Grand Nord québécois et les arbres sont déformés par l'exposition aux rigueurs éoliennes.

Du haut d'une côte, on peut observer les routes rectilignes qui découpent le vaste territoire. Les virages à angle droit et les courbes serrées reflètent le mode de subdivision des terres en cantons.

Les montagnes frontalières...

Par son relief montagneux bien visible, cette région naturelle offre des points de vue magnifiques. Au sud-est des Cantons-de-l'Est, cette zone coïncide avec la frontière entre le Québec et les États du Maine et du New Hampshire. Les montagnes suivent les plissements des Appalaches sur près de 200 km, dans le prolongement des montagnes Blanches américaines. Cette région recoupe les MRC du Granit, du Haut-Saint-François et de Coaticook.

C'est le territoire le plus élevé des Cantons-de-l'Est, avec une altitude moyenne de 700 m, et le village de Saint-Malo, situé sur une hauteur de 580 m, surplombe toutes les agglomérations du Québec. Les plus hauts sommets des Cantons-de-l'Est y culminent : les monts Gosford (1 183 m), Mégantic (1 105 m) et Pisgah (1 013 m).

Contrairement à ce qu'on voit dans les autres régions, les cours d'eau sont rares et de petite dimension. Ces montagnes frontalières portent la ligne de partage des eaux entre le bassin hydrographique du fleuve Saint-Laurent au nord-ouest et celui de l'Atlantique, au sud-est. Le long de cette crête, les eaux du versant nord coulent vers le Saint-Laurent alors que celles du versant sud se déversent dans l'Atlantique. D'un côté comme de l'autre, une goutte d'eau tombée dans la région cheminera toujours vers l'océan Atlantique !

Le couvert forestier est omniprésent. La région est d'ailleurs réputée pour ses plantations d'arbres de Noël. La rigueur du climat ajoutée aux pentes fortes ne favorisent pas l'agriculture. Les températures sont fraîches l'été et froides en hiver, les précipitations sont abondantes et la saison sans gel est de courte durée. Le relief favorise l'étagement de la végétation avec

Des colons francophones venus s'établir dans les Cantons-de-l'Est ont fondé le village de Saint-Venant-de-Paquette, vers 1860, au cœur des Hautes Appalaches.

l'altitude. Ainsi, le haut des sommets accueille la sapinière, alors que les pentes et le bas des versants sont occupés par l'érablière à bouleau jaune.

Une tranche d'histoire...

Très tôt, les Cantons-de-l'Est se démarquent singulièrement des autres régions du Québec. Les basses terres de la vallée du Saint-Laurent ayant été soumises au régime français au début de la colonisation, étaient découpées en seigneuries formant d'étroites bandes parallèles réparties de part et d'autre du fleuve ou d'un de ses affluents. À cette époque, la vaste contrée comprise entre la plaine du Saint-Laurent et la frontière américaine au sud du Québec n'était pas encore exploitée. Les premiers occupants, les Abénaquis, en avaient fait leur territoire de chasse. Victimes du conflit entre Français et Anglais, ils durent graduellement quitter leurs terres ancestrales pour se déplacer sur les rives du Saint-Laurent, au lac Saint-Pierre.

Les loyalistes, ayant fui la révolution américaine de 1776, furent les premiers à coloniser les Cantons-de-l'Est. Ils quittent la Nouvelle-Angleterre et les États américains du nord par fidélité à l'Empire britannique et s'établissent d'abord en *squatters,* c'est-à-dire sans titres d'établissement, dans les environs de Philipsburg, en bordure de la baie Missisquoi. Puis, à partir de 1792, les autorités britanniques, en reconnaissance de leur allégeance à la Couronne, accordent des terres le long de la frontière, ouvrant désormais la voie au peuplement des Cantons-de-l'Est. Le premier canton, celui de Dunham, est concédé en 1796. D'autres Américains suivront, attirés par l'abondance et la gratuité des terres. Parmi eux se trouvent des familles d'ascendance allemande et hollandaise, ainsi que d'autres Européens. Ils occupent principalement la partie méridionale des Cantons-de-l'Est.

Richmond, en bordure de la rivière Saint-François, fut fondée par des colons venus de la Nouvelle-Angleterre et de la vallée du Richelieu, au début des années 1800. L'ancien quartier anglais regroupe plusieurs édifices patrimoniaux.

Le territoire du Bas-Canada sera divisé en 95 cantons selon la tradition britannique, c'est-à-dire une parcelle de terre d'environ 100 mi² (259 km²) divisée en 304 lots d'environ 200 acres, octroyés à des colons associés. Un septième de la superficie est réservé à la Couronne et un autre, au clergé. Bientôt, l'ensemble de la région sera connu sous le nom d'*Eastern Townships,* par opposition aux *Western Townships* du Haut-Canada (aujourd'hui l'Ontario). Les *townships,* organisés en établissements plutôt dispersés dans le territoire, diffèrent grandement des seigneuries, où l'on se rassemble autour du manoir seigneurial ou du clocher. De plus, les *townships* sont de tenure libre de rentes seigneuriales.

Une deuxième phase de colonisation s'effectue entre les années 1815 et 1840. Les immigrants d'Écosse et d'Irlande fuyaient les conditions de famine et d'extrême pauvreté qui sévissaient alors dans leur pays. Au Canada, le gouvernement désirait accueillir ces arrivants anglophones pour peupler, entre autres, les *townships*. Ils s'établiront surtout dans la partie nord des Cantons-de-l'Est et formeront « la petite Écosse du Québec » au cœur du Haut Saint-François.

Ainsi, pendant la première moitié du XIXe siècle, ce sont surtout les Américains et les Britanniques qui s'installent au pays et qui marquent profondément l'histoire de la région. Ils maintiendront des liens très étroits avec la Nouvelle-Angleterre. L'influence de cette dernière restera d'autant plus forte que la région sera longtemps coupée de la vallée du Saint-Laurent à cause de la déficience du réseau routier. D'autres immigrants européens s'ajouteront, de telle sorte que le type d'occupation du territoire, la diversité des groupes ethniques et religieux ainsi que les styles architecturaux seront des traits distinctifs des Cantons-de-l'Est.

Les procédés de distillation et de fermentation étaient bien connus des premiers colons. L'alcool était consommé localement, mais les surplus étaient distribués illégalement à Montréal ou outre-frontière. En 1820, on comptait à Stanstead 26 distilleries chacune produisant près de 3 000 gallons de whisky de pomme de terre par année. Cette situation favorisa l'émergence de sociétés de tempérance qui réussirent à faire prohiber toute vente de « liqueurs intoxicantes », notamment dans les régions de Brome et de Stanstead dans les années 1860. Quoique répandues dans les zones rurales protestantes, ces sociétés subiront des revers dans les comtés à majorité francophone et dans les zones urbaines où les hôtels et les débits de boissons sont nombreux.

Le Traité de Paris (1763) a établi la frontière entre le Canada et les États-Unis, alors que les deux contrées étaient des colonies britanniques. Elle fut fixée au 45e degré parallèle de latitude nord mais, lorsqu'on arpenta les Cantons-de-l'Est en 1792, des erreurs de calcul placèrent cette ligne de partage plus au nord, à la faveur du territoire américain. La ligne frontalière n'étant pas bien définie, plusieurs s'établirent dans la région en *squatters.*

Cette situation créera une incertitude territoriale qui subsistera jusqu'au moment de la signature du Traité de Webster-Ashburton en 1842. Ainsi, un groupe important de contrebandiers décidera de former l'Indian Stream Republic, qui édictera ses propres lois. La durée de cette république sera très courte. De 1832 à 1836, il y aura donc eu un pays entre le Canada et les États-Unis.

L'arrivée des Canadiens français sur le territoire s'effectue vers le milieu du XIXe siècle, en raison du surpeuplement dans les seigneuries. Beaucoup s'expatrient vers les villes manufacturières de la Nouvelle-Angleterre. D'autres, attirés par les politiques de colonisation, s'établiront dans les cantons faiblement peuplés de l'est. Le réseau du chemin de fer facilitera leur établissement. Ils défricheront de nouvelles terres ou travailleront dans l'industrie du bois, dans les moulins et les manufactures de textile des grands centres tels que Sherbrooke, Magog, Rock Island et Farnham ainsi que dans les mines. Ils fonderont des villages portant des noms de saints, ce qui reflète l'importance qu'ils accordent à la religion catholique. La «marée française» s'étendra presque à l'ensemble des Cantons-de-l'Est, si bien qu'au cours des années 1880, la majorité francophone catholique aura remplacé celle des anglophones protestants. L'évolution et la cohabitation de deux populations aux coutumes et traditions bien distinctes constituent une facette unique de l'histoire de la région. De nos jours, les francophones représentent plus de 90 % de la population des Cantons-de-l'Est et les municipalités des Hautes-Appalaches en sont le fief. Toutefois, certains territoires demeurent anglophones et des localités telles que Bolton-Ouest, Lac-Brome, Ayer's Cliff, Hatley et North Hatley constituent même de véritables bastions.

La grotte de Skinner, au lac Memphrémagog, porte le nom du célèbre contrebandier. Cette caverne était autrefois bien à sec, mais le niveau de l'eau a été haussé depuis de deux mètres par des barrages à l'exutoire du lac, à Magog notamment.

Monument historique, l'édifice Haskell à Stanstead, érigé en 1904, est une réplique de l'ancien opéra de Boston. La ligne frontalière Québec/Vermont sépare la scène, qui se trouve au Canada, alors que la plupart de spectateurs sont assis en territoire américain.

Un trait particulier des Cantons-de-l'Est tient à sa toponymie. Certains lieux rappellent les origines abénaquises des premiers occupants et reflètent l'importance que ces Amérindiens accordaient au paysage. Par exemple, Memphrémagog signifiait «à la grande étendue d'eau»; Massawipi, «beaucoup d'eau claire»; Magog, «lac où il y a de la truite saumonée»; Missisquoi, «multitude d'oiseaux aquatiques»; Coaticook, «rivière de la terre de pin»; Tomifobia, «rivière tranquille». Dans d'autres cas, la toponymie résulte de la greffe d'une paroisse catholique française à un canton ou village anglais déjà établi : Sainte-Catherine-de-Hatley, Notre-Dame-de-Standbridge, Sainte-Edwidge de Clifton, Saint-Étienne-de-Bolton en sont quelques exemples.

La ligne frontalière

La situation frontalière de quelques villages et la cohabitation de deux nations ont marqué le mode de vie des gens. Au début de la colonisation, les nouveaux Canadiens ont continué à entretenir des liens étroits avec les résidants américains; il en découla des rapports commerciaux. La ligne frontalière était si imprécise que certains ne savaient même pas s'ils habitaient au Canada ou aux États-Unis.

La proximité de la frontière américaine sera une tentation de s'adonner à la contrebande. Un premier poste de douane est installé à Stanstead en 1821. Les douaniers mal rémunérés percevaient une part sur la marchandise saisie et ils étaient souvent victimes de violents affrontements avec les contrebandiers. La région frontalière qui s'étendait de Rock Island à Mansonville a notamment connu une circulation illicite fort lucrative. On y transitait du bétail, des biens de consommation et du minerai de cuivre durant la guerre de Sécession américaine, et de l'alcool à l'époque de la prohibition. La situation transfrontalière du lac Memphrémagog se prêtait fort bien à de telles activités de contrebande. Le plus notable escroc de l'histoire des Cantons-de-l'Est, le contrebandier Uriah Skinner, est devenu légendaire. Vers 1815, alors que la guerre faisait rage aux États-Unis, il naviguait à voile de long en large sur le lac Memphrémagog avec sa marchandise de contrebande. Il avait l'habitude de se terrer dans une grotte sur une des îles et d'y cacher son butin. On raconte qu'il serait mort à cet endroit alors qu'il tentait d'échapper aux douaniers.

Croix de chemin à East Hereford. Les diverses représentations du soleil sur les croix de chemin des Cantons-de-l'Est sont remarquables.

Croix de chemin à West Bury. Les croix de chemin sont typiques de la campagne francophone.

L'expression du sacré

La multitude de lieux à caractère religieux rencontrés dans le paysage rural donne souvent l'impression que le Québec fut colonisé par l'au-delà. Les signes du divin se manifestent partout et les Cantons-de-l'Est n'y font pas exception, particulièrement les secteurs développés par les francophones. La multitude de villages aux noms de saints, les nombreuses églises ainsi que les cimetières où sont érigés des statues ou des sanctuaires témoignent de la pratique assidue des premiers colons. Les symboles du sacré balisent même les routes, par les calvaires et les croix de chemin.

Les croix de chemin

Issues d'une tradition bretonne, les croix de chemin du Québec évoquent la ferveur religieuse et symbolisent l'appropriation des lieux. Les druides sacralisaient certains lieux en y érigeant des menhirs. Au Moyen Âge, on plantait des croix sur les lieux de sépulture et le long des routes. Au Québec, les premiers explorateurs érigèrent des croix au nom du roi de France pour signifier la conquête du territoire. Symboles de la culture et de l'identité québécoises, elles apparaissent dans la colonie à l'ouverture des chemins. Dans les campagnes, quand le travail de la terre retenait l'habitant tout au long du jour, elles

L'église unie Calvary de Sutton, édifiée en 1877, fut d'abord méthodiste. Elle associe les styles classique et gothique, avec son clocher-porche et ses baies en arc brisé.

L'église unie Stanstead South, de style renouveau gothique, fut construite en 1876. Le triangle équilatéral, allusion à la Trinité, apparaît dans la forme de la toiture et dans les ornements du frontispice. Des congrégationalistes s'établiront au début du XIXe siècle à Stanstead. Leurs églises seront visitées par des pasteurs du Vermont et les fidèles des deux côtés de la frontière assisteront aux offices religieux.

remplaçaient souvent l'église. À la belle saison, on s'y regroupait pour faire une neuvaine, célébrer le mois de Marie ou réciter la prière du soir. On pouvait aussi y invoquer les saints pour conjurer les épidémies de chenilles ou encore implorer le ciel pour la venue du soleil ou de la pluie afin de favoriser les récoltes.

Certaines croix sont simples, d'autres arborent des motifs décoratifs. Le cœur flamboyant représente la crucifixion du Christ, le soleil rayonnant symbolise la lumière, la chaleur et le recommencement. Elles sont moins nombreuses dans les Cantons-de-l'Est qu'ailleurs au Québec, l'environnement protestant expliquant l'abandon de cette tradition religieuse.

Le repos à la croix

Au moment d'un décès, il fallait conduire le corps à l'église pour les funérailles et l'enterrement. À tour de rôle, une douzaine d'hommes transportaient le cercueil sur leurs épaules. Le trajet, effectué à pied, pouvait être long surtout si on habitait les rangs. Ainsi, le cortège s'arrêtait aux croix de chemin pour se reposer. À cette fin, quatre piquets plantés devant la croix permettaient d'y déposer le cercueil.

Les croix de fer forgé

Les croix de fer forgé étaient répandues dans les cimetières vers la fin du XIXe siècle. Les familles moins fortunées les préféraient aux monuments de pierre trop coûteux. Par différentes techniques de

La charmante église de Brigham est de style néo-roman d'influence géorgienne. Comme la plupart des églises unies de la région, elle était autrefois méthodiste.

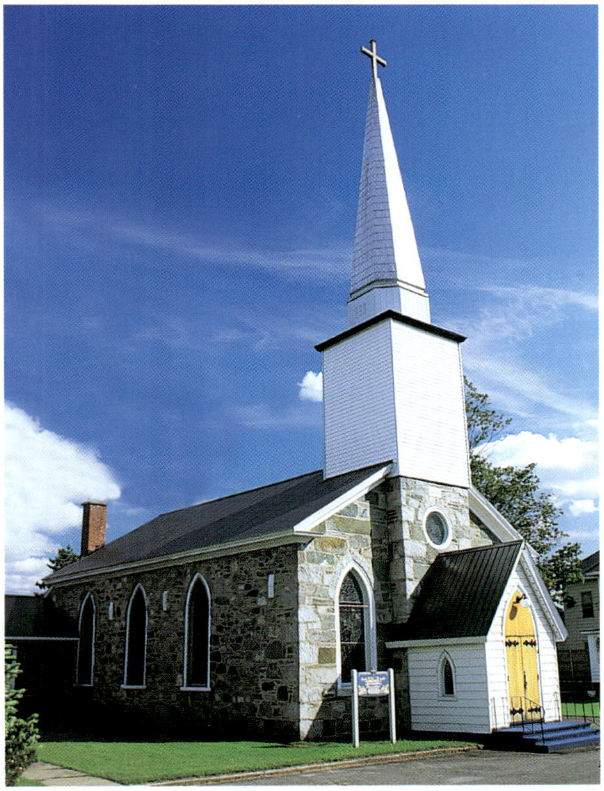

L'église anglicane Grace de Sutton affiche un style néogothique. Elle fut édifiée en 1846. Durant les premières années de son existence, elle est desservie par des missionnaires anglicans de Brome. Le premier pasteur permanent n'arrive qu'en 1860.

forge, les artisans y greffaient des motifs aux extrémités et à la croisée de la hampe et de la traverse, ce qui produisait des œuvres hors du commun. Jugées désuètes, ces croix ont disparu au fil des rénovations apportées aux cimetières. Celui de Saint-Venant-de-Paquette conserve encore de très belles croix de fer forgé, vestiges de cet art rencontré surtout dans les cimetières francophones des Cantons-de-l'Est.

Pas de consensus religieux !

Contrairement aux autres églises du Québec qui occupent la place principale des villages, celles des Cantons-de-l'Est, de confessions religieuses très variées, sont en général plus effacées. Leur construction est souvent postérieure à la formation des villages. La diversité ethnique des colons fondateurs explique ce pluralisme religieux et les multiples églises et cimetières balisant la campagne en témoignent. On peut même observer la présence de plusieurs églises au cœur d'un même village.

Les confessions de type évangélique (méthodistes ou baptistes) ont été les premières à s'implanter au sein de la société. Très répandues en Nouvelle-Angleterre avant 1790, elles sont surtout le propre des nouveaux venus américains. Leur doctrine est simple et la visite de prédicateurs méthodistes ou baptistes itinérants, dont certains venant du Vermont, répond bien aux besoins d'une population dispersée de colons défricheurs.

Les Églises traditionnelles comme celles d'Angleterre, d'Écosse ou de Rome sont plus lentes à s'établir. L'anglicanisme est introduit dans la région de la baie Missisquoi au début des années 1800 par les loyalistes. À Frelighsburg, la première église anglicane des *townships* est fondée en 1809. L'arrivée d'immigrants britanniques vers 1830 stimulera la

Un joyau du paysage des Cantons-de-l'Est, l'abbaye Saint-Benoît-du-Lac en bordure du lac Memphrémagog.

Quel privilège que de vivre dans une église, imprégné de la beauté et du silence des lieux ! La superbe église anglicane Saint Augustine dans la région de Farnham, date de 1874. Grâce à un travail de rénovation méticuleux effectué en 1984, elle a été convertie en une résidence somptueuse.

création de missions anglicanes. La première église de la confession presbytérienne sera fondée par les immigrants écossais en 1851 à Stornoway. Tout comme l'Église congrégationaliste et l'Église méthodiste, elle joindra les rangs de l'Église unie du Canada en 1925.

Les paroisses catholiques, dispersées au milieu de la communauté protestante, demeurent longtemps irrégulièrement desservies par un missionnaire. Le diocèse de Sherbrooke, fondé en 1874, favorisera le développement de la vie paroissiale et religieuse des catholiques. On verra s'y ériger de monumentales églises en pierres, typiques du catholicisme québécois. Toutefois, le style simple des petites églises protestantes semble avoir guidé les concepteurs des églises catholiques des Cantons-de-l'Est, qui demeurent modestes dans leurs dimensions et le choix des matériaux.

Chapelle orthodoxe russe dans la région de Mansonville.

4.98 b : L'architecture imposante de l'église de Saint-Pierre-de-Véronne, à Pike River, érigée en 1907, illustre à merveille la gloire de la religion catholique à la fin du XIXe siècle.

D'autres établissements religieux se remarquent dans le paysage des Cantons-de-l'Est. Dans le hameau de Vorokhta, à Knowlton-Landing, la chapelle catholique Saint-Jean-Baptiste, de rite ukrainien, est le centre de la vie spirituelle d'une vingtaine de familles.

À Mansonville, on peut contempler une chapelle russe orthodoxe, magnifique bâtiment au dôme en forme de bulbe d'oignon. Dans le cimetière voisin, des pierres tombales portent des inscriptions gravées en caractères cyrilliques.

À Saint-Benoît-du-Lac, une soixantaine de religieux vivent dans une magnifique abbaye en bordure du lac Memphrémagog. Leur vie quotidienne est régie par la règle monastique des bénédictins. Les membres de cette communauté mènent une vie contemplative centrée sur la recherche de Dieu, la prière et le travail. Ils se réunissent plusieurs fois par jour pour célébrer des offices religieux accompagnés de chants grégoriens et auxquels le public peut des vergers ainsi qu'une fromagerie. Le fromage de l'abbaye est d'ailleurs l'un des délices du terroir de la région.

Des témoins silencieux du passé

Dans les Cantons-de-l'Est, d'innombrables petits cimetières ponctuent le paysage dans les villages ou le long des routes tranquilles. Dans presque chacun des hameaux, on peut les apercevoir près des églises ou dans la campagne, sur un button ou une colline. Certains n'ont pas été utilisés depuis des décennies.

Les cimetières catholiques, associés aux communautés francophones, sont habituellement juxtaposés à l'église. D'allure plus cartésienne, les pierres tombales sont généralement alignées. En contrepartie, les nombreux cimetières protestants

L'église d'Ascot Corner avec son presbytère.

Les colons loyalistes étaient très attachés à la tradition et valorisaient grandement l'instruction. Ils étaient issus d'une population de la Nouvelle-Angleterre qui, à l'époque de la révolution américaine vers les années 1780, comptait parmi les plus scolarisées au monde. Ces premiers résidants des Cantons-de-l'Est ont sans aucun doute suscité l'épanouissement intellectuel de la région. Au début des années 1830, elle présentait le plus haut niveau de scolarisation du Bas-Canada et l'analphabétisme était presque inexistant au sein de la population anglophone.

Isolés du reste du Québec par leur culture et leur situation géographique, les premiers colons accordaient une large place à la vie communautaire et sociale. L'école du village servait de lieu de rassemblement des fidèles des communautés religieuses. Presque toutes les premières écoles servirent de lieu de culte car elles étaient souvent établies en premier parmi les bâtiments publics, en attendant la construction des églises. Méthodistes, baptistes, anglicans et adventistes s'y retrouvaient.

L'école de Tibbits Hill dans la région de Brome, convertie en musée, a été construite en 1844 sur l'emplacement de l'école en bois équarri de 1827.

Cimetière de la région de Frelighsburg. Sur les très vieilles pierres tombales, on peut lire non seulement la date du décès, mais l'âge du défunt.

Cimetière familial Hazard, dans la région de Dunham. Plusieurs de ces cimetières ont été aménagés par nécessité sur les terres familiales. L'arrivée des premiers colons remonte à la fin du XVIIIe siècle et les premières églises furent construites au cours des décennies suivantes.

reflètent le pluralisme religieux qui prévalait dans la région au début de la colonisation. De taille réduite, ils sont dispersés sur le territoire, parfois très loin de leur église. Souvent l'église et même le hameau ont disparu et seuls les lieux de sépulture marquent leur ancien emplacement.

Les cimetières témoignent des origines des premiers arrivants, parfois lointaines comme l'Angleterre ou l'Écosse. Ils révèlent l'état de pauvreté et de misère des premières familles de la colonie. Certaines épitaphes rappellent qu'il s'agit de la sépulture d'un nouveau-né avec sa jeune mère, souvent victimes de malnutrition ou de mauvaises conditions d'hygiène, à cause de l'éloignement et du manque de soins médicaux.

Les plus anciens monuments sont taillés grossièrement dans l'ardoise. Vers le milieu du XIXe siècle, ils sont souvent composés de granit blanc friable. Puis, vers 1875, le granit gris, noir ou rose est utilisé pour les pierres tombales, qui sont parfois ornées de sculptures.

La visite de ces cimetières permet de chercher un sens à l'histoire sur les épitaphes, mais surtout d'apprécier le calme serein des endroits retirés.

Vale Perkins
AUSTIN 14

LE PRINTEMPS

L'éveil des sens

Le printemps à nouveau
Rajeunit tout,
Excepté l'homme.

Jean Paul Richter

Le printemps est, sans doute, la saison la plus attendue. « L'hiver n'en finit plus de s'étirer ! », s'exclame-t-on. Mars annonce la fonte des neiges, un processus qui s'accélère à mesure que ce mois marque la naissance du printemps. La neige tant désirée en fin d'automne est perçue comme un fléau. Bientôt, on ne la trouvera que dans les sous-bois et dans les dépressions rocheuses, où le soleil se fait timide.

Le mois d'avril apporte des changements perpétuels. Certains sont subtils, voire imperceptibles, alors que d'autres rafraîchissent notre mémoire des printemps passés. Cette saison stimule tous nos sens : les effluves de l'humus et de la terre qui s'éveille ; le piaillement, au petit matin, des oies sauvages qui enfin reviennent; la profusion des verts, des plus tendres aux plus soutenus, qui captent le regard; la perspective d'une partie de sucre ou d'un plat assai-

Fonte des neiges à la sortie de la gorge du mont Écho.

Les murets de pierres dans les boisés sont nombreux dans les Cantons-de-l'Est; certains, très longs, sont situés en pleine forêt. Ils font partie de l'héritage rural et résultent du patient travail des générations de colons défricheurs.

sonné à l'ail des bois; la brise légère et la chaleur bienfaisante du soleil sur la peau.

Le charme des pierres

La pierre, partie intégrante du monde qui nous entoure, évoque la solidité, le calme et la pérennité. Sa texture suscite notre curiosité, ses reflets nous fascinent et sa masse impose le respect.

Le printemps se prête particulièrement bien à la découverte du règne minéral. Lorsque la neige se retire graduellement et que les bourgeons retiennent encore les jeunes feuilles de l'année, aucun obstacle ne vient obstruer le regard. Plusieurs éléments invisibles à d'autres époques de l'année sont alors évidents pour l'œil. On découvre ainsi le profil escarpé d'une gorge, de superbes massifs rocheux ou de jolis murets de pierres qui agrémentent les maisons.

Autrefois, les pierres non utilisées pour la construction des habitations étaient empilées en bordure des champs, servant ainsi à délimiter les terres. On peut encore aujourd'hui contempler, le long des routes secondaires, ces charmants murets de pierres bordant les fermes ; ils sont de tailles et de longueurs variées.

En aménagement du paysage, l'érection de ces structures permet d'ajouter plusieurs paliers et apporte ainsi une troisième dimension au jardin. Le recours aux murets pour créer des terrasses relève d'une ancienne technique de culture là où l'espace est limité. Les paliers constituent de plus un attrait visuel dans le paysage.

Source de matériaux à portée de main, la pierre est depuis longtemps utilisée pour bâtir des maisons. Par son caractère inaltérable, elle exprime le sens pratique de la construction. Dans le sud du Québec, les maisons de pierres des champs sont moins répandues que celles à clins de bois ou à parements de brique, mais elles se démarquent dans le paysage comme de véritables ornements. Les méthodes de construction attestent de la nature industrieuse typique des premiers colons. Ils façonnaient les pierres sur leur face

Mégalithe intégré au paysage naturel de la région de Sutton.

Inuksuk, inuksuk, inuksuk, inuksuk...
L'homme qui passait par là
A posé quelques pierres
Empreinte de ses pas
Dans l'ombre et la lumière
Dans ce monde infini
Il était de passage
De ce visage
Ne reste que granit.

Claude Gauthier

Des jardins de pierres

Inuksuk signifie structure qui agit à la place de l'homme. Depuis des milliers d'années en territoire inuit, ces pierres placées en équilibre les unes sur les autres orientent et servent de repères. Elles deviennent une forme de langage en indiquant la meilleure route à suivre. Le sculpteur Eddy Heath, de la région de Sutton, s'en est inspiré pour l'aménagement de son domaine. Le choix de cet artiste porte d'abord sur les pierres. Selon leur couleur, leur grosseur ou leur forme, elles seront disposées pour s'harmoniser avec le cadre naturel. La forme et l'emplacement des pierres revêtent pour M. Heath une signification émotive et spirituelle. L'agencement de ces mégalithes respecte le panorama environnant et les ondulations du terrain. Les arbres deviennent une continuité de la création artistique. Les fleurs s'y ajouteront pour rehausser la beauté des lieux. Il s'en dégage un sentiment de paix et de sérénité.

principale et les espaces étaient comblés par les plus petites.

Les églises de différentes confessions s'en sont également parées. Érigées en pierres des champs, en marbre ou en granit, ou encore coiffées d'ardoise, ces constructions reproduisent la couleur de la minéralogie locale. L'architecture des églises de pierres est habituellement toute simple car nul besoin de faste pour agrémenter ce noble matériau. Plusieurs de ces constructions pittoresques des Cantons-de-l'Est se rencontrent dans les régions de Sutton, Dunham et Stanstead.

L'aménagement de pierres pour reproduire des marcheurs au Sentier poétique de Saint-Venant-de-Paquette invite au recueillement et à la découverte des jardins fleuris, agrémentés de poèmes. Les pierres utilisées pour construire divers milieux d'accompagnement aux poèmes proviennent de la région. Elles ont servi à créer des personnages tout au long du sentier et sont ainsi devenues de véritables œuvres d'art.

L'église anglicane Christ à Stanstead, de style néogothique, a été érigée en 1858. C'est une des rares églises des Cantons-de-l'Est entièrement construite en pierres des champs. Les fenêtres à arc brisé sont parées de vitraux splendides confectionnés à la mémoire des paroissiens.

L'exploitation de la carrière de marbre à Philipsburg au début du XIXe siècle jusqu'au milieu du XXe contribua à l'essor économique de la région. Elle fut même l'industrie marbrière la plus importante au Canada dans les années 1930. Ce marbre servit à édifier plusieurs bâtiments canadiens célèbres, parmi lesquels le Château Frontenac de Québec, l'édifice Sun Life à Montréal, la Banque Royale à Toronto ainsi que le parlement d'Ottawa.

Le granite extrait des carrières de Graniteville a lui aussi joué un rôle important dans l'économie de la région. De prestigieux édifices, tels l'Abbaye Saint-Benoît-du-Lac et l'édifice Sun Life de Montréal, en sont recouverts. Plus récemment, il est surtout utilisé pour la fabrication de monuments funéraires. Certaines carrières sont en exploitation depuis 1885 et on retrouve dans la région la plus grande carrière de granite du Canada.

Le patrimoine architectural de la région du Val Saint-François est quant à lui empreint d'une autre particularité géologique des Cantons-de-l'Est : la concentration importante de schistes ardoisiers. Le début des années 1850 vit apparaître dans la région de Richmond/Melbourne les premières carrières d'ardoise. Le schiste ardoisier est une pierre fissible, ce qui permet de la débiter en minces feuillets d'épaisseur régulière. Relativement tendre, elle peut aisément se trancher, se scier et se forer. Imperméable et

Le clocher et le toit de l'église Saint-Paul de Melbourne sont recouverts d'ardoise.

inaltérable par les éléments, l'ardoise offre l'avantage de la durabilité. Symbole de prestige et de bon goût, l'ardoise de la région du Val Saint-François a couvert des milliers de bâtiments à travers le Canada, notamment le parlement d'Ottawa. Dans la région productrice, elle recouvrait tous les types de constructions, des églises jusqu'aux modestes remises. Aujourd'hui encore, on peut admirer sur l'ensemble du territoire de magnifiques résidences du XIXe siècle aux toitures coiffées d'ardoise, qui constituent la plus forte densité de tels bâtiments au Québec.

Le quartier anglais de Richmond regroupe plusieurs résidences prestigieuses de l'époque victorienne, au revêtement de briques. Leur coiffure de toits d'ardoise rappelle l'activité minière de la région.

L'église unie St. Paul de Philipsburg, qui date de 1819, est construite en marbre provenant de la région. C'est la plus ancienne église méthodiste du Québec et elle est encore utilisée pour les services religieux. Son style architectural meeting house est propre à cette confession religieuse.

La chapelle Sainte-Agnès, dans la région d'Abercorn, est un charmant exemple de l'architecture de pierres de la région.

La résurgence du monde végétal

Dès la fonte des neiges, l'absence de feuilles dans les arbres nous permet de jeter un regard plus indiscret dans les sous-bois et d'y découvrir l'incroyable biodiversité de nos forêts. Celle-ci provient de la conquête du sud du Québec par la végétation à la suite du passage des glaciers. À cette époque reculée, les montagnes des Cantons-de-l'Est ressemblaient à des blocs rocheux dégarnis et sans vie. Il y a environ 13 000 ans les spores d'un champignon, transportées par le vent, se sont unies à une algue microscopique pour former du lichen et coloniser le roc.

On peut observer dans les grands champs herbeux, le long des routes de campagne, de magnifiques colonies de petites fleurs blanches ou lavande qui tapissent le sol et pouvant couvrir de grandes étendues. Cette fleur printanière constitue en soi l'un des charmes de la belle saison et, est appelée la houstonie bleue (*Houstonia cæruleum L.*). Autrefois limitée à la région des Cantons-de-l'Est et de l'est du Québec, cette plante manifeste aujourd'hui des percées sur la rive nord du Saint-Laurent. Curieusement, dans certains cas, cette fleur peut connaître une seconde floraison au mois d'août.

Les délices printanières ne sont pas uniquement du domaine visuel, elles sont aussi gustatives. L'ail des bois (*Allium tricoccum Aiton*) est une plante grandement prisée pour la saveur de son bulbe et de ses feuilles, particulièrement en salade. L'absence de feuilles dans les arbres lui permet d'assimiler, par ses feuilles, le maximum d'énergie grâce à la lumière

La houstonie bleue. À distance, certains pourront s'y méprendre et croire qu'il s'agit là de neiges résiduelles!

Ce bloc erratique a été transporté par les glaciers sur des centaines de kilomètres. On peut y observer la succession végétale. Le lichen et les mousses ont permis à d'autres espèces de plantes comme les fougères, puis les arbustes et enfin les arbres, de s'établir. Les mousses servent aussi de pépinière pour les animaux microscopiques, les vers et les insectes qui attirent les oiseaux et les mammifères. Ces derniers transportent dans leur plumage ou leur fourrure des graines qui contribuent à leur tour à accroître la diversité biologique.

qui envahit alors le sol de la forêt. C'est à ce moment que l'ail des bois accumule dans son bulbe ses substances de réserve, et dès que les arbres se garnissent de feuilles, lui, perd les siennes car elles sont devenues inutiles. Il faut donc prospecter les sous-bois tôt au printemps si on veut avoir une chance de le repérer.

Dans les forêts, le long des berges des cours d'eau, on peut rencontrer trois superbes représentants des fougères du sud du Québec, particulièrement dans les Cantons-de-l'Est.

La matteuccie fougère-à-l'autruche (*Matteuccia struthiopteris*), reconnue pour ses «têtes de violon» (désignation populaire des crosses de fougère qui est un calque de l'anglais *fiddle head*), est une espèce magnifique qui rappelle la luxuriance des fougères tropicales. Cette fougère se trouve toujours près de l'eau. Elle est recherchée notamment pour la saveur de ses crosses, qu'il faut cueillir tôt au printemps,

Crosses de matteuccie, fougère-à-l'autruche, en tête-à-tête...

La vive coloration jaune et verte du populage des marais agrémente les bordures humides des routes.

avant le déroulement du limbe. Pour assurer la conservation de l'espèce, il est préférable de ne prélever qu'une ou deux crosses par plant.

Une autre fougère, considérée comme un dinosaure dans nos fossés, est l'onoclée sensible (*Onoclea sensibilis*). Cette plante est la plus ancienne fougère existant sur la planète. Elle n'a pas changé depuis plus de 60 millions d'années, soit 5 millions d'années après la disparition des dinosaures ! On la trouve souvent aux mêmes endroits que la matteuccie ; elles se côtoient sans se chevaucher. On remarquera que l'onoclée sensible préfère la partie la plus humide du milieu, alors que la matteuccie demande un sol plus sec et aéré.

Un rond-de-sorcières composé de douze… sorcières!

Une troisième fougère typique du sud du Québec et des Cantons-de-l'Est est l'osmonde de Clayton (*Osmunda claytoniana*). Tout comme les deux fougères précédentes, l'osmonde de Clayton pousse près des berges mais elle préfère les forêts plus clairsemées, où l'ensoleillement est plus important. Avec un peu de chance, vous pourrez peut-être voir des ronds-de-sorcières ! Ce sont des cercles (ou demi-cercles) dessinés par le rhizome d'une osmonde (et d'autres espèces de fougères) qui, au lieu de croître dans un seul sens, voit ses ramifications bifurquer dans des directions opposées pour former, à la longue, un rond. L'âge d'un rond-de-sorcières peut s'évaluer assez aisément en mesurant en centimètres le diamètre du rond, puis en multipliant par 2 car le rhizome de l'osmonde de Clayton croît de 1 cm en 2 ans. Certains ronds dépassent les 2 m de diamètre, ce qui leur donne 400 ans et plus !

En sillonnant les chemins de l'arrière-pays qui bordent les endroits humides, les sous-bois ou le long des cours d'eau, prenez le temps de remarquer une petite plante aux fleurs jaunes : le populage des marais (*Caltha palustris L.*), appelé aussi souci d'eau. Cette plante est prisée pour ses jeunes pousses, qui se mangent en salade au printemps alors que ses boutons floraux, une fois marinés, sont un délice.

Le vératre vert (*Veratrum viride)*, aussi appelé tabac du diable, apparaît très tôt au printemps dans les régions marécageuses, en bordure des forêts humides et dans les pâturages. Il est d'un vert remarquable mais, attention, le rhizome de cette plante contient des alcaloïdes puissants fortement toxiques. À fortes doses, cette plante vénéneuse peut provoquer le coma et même la mort par asphyxie ! Quant aux feuilles, elles sont pourvues de poils qui irritent la peau. Il faut donc garder ses distances…

La lychnide fleur-de-coucou (*Lychnis flos-cuculi*) fut importée d'Europe il y a plus de 125 ans comme plante ornementale. Échappée des cultures depuis 1914, elle se trouve dans les milieux naturels du sud du Québec. Cette plante attire l'attention par sa fleur particulière, divisée en de fines lanières

Quel éclat que celui d'un pommier sauvage en fleur ! À distance, on le dirait chargé de boules de coton blanc.

Une prairie ou un champ colonisé par la lychnide fleur-de-coucou ne passe pas inaperçu. En contraste avec le vert, sa couleur rosée évoque les champs de lavande du sud de la France.

Le bouleau jaune profite souvent des souches et des troncs d'arbres morts pour établir ses racines et croître. Lorsque ce support se désagrège, l'arbre semble monté sur des échasses.

Les fleurs des violettes septentrionales sont très ravissantes. Mais pour les apprécier, il faut être observateur car elles sont minuscules et situées à ras de terre.

entourées par un calice à la base. Abondante dans les prairies humides, elle colore agréablement les champs d'un rose foncé.

Tôt au printemps, les violettes en fleur égaient le sol de nos forêts. L'été, puisqu'il ne reste que les feuilles, elles passent le plus souvent inaperçues, sauf aux yeux des promeneurs avertis. Ces fleurs poussent isolément ou en touffes denses ; les feuilles sont en forme de cœur ou de rein et certaines sont recouvertes de duvet. Les fleurs peuvent être violettes, blanches, jaunes ou bleues. Napoléon en avait fait son emblème impérial.

Les Cantons-de-l'Est sont aussi connus pour leurs pommiers sauvages, évadés des cultures. Leurs fleurs printanières étant d'un blanc éclatant, on peut les repérer à grande distance. Mais pour les contempler, il faut faire vite car la floraison dure moins de deux semaines.

Le bouleau jaune est l'arbre emblématique du Québec. Communément appelé merisier, son bois est recherché en construction et en ébénisterie. Souvent

Les fleurs fertiles du viorne trilobée (bois d'orignal) au centre sont entourées de fleurs blanches, plus grandes, qui sont stériles.

Dans les régions plus montagneuses, où la forêt est composée d'érables et de bouleaux jaunes, on trouve le bois d'orignal (*Viburnum alnifolium*); un arbuste qui fleurit tôt au printemps. Ses fleurs blanches sont rayonnantes, les plus grandes (stériles) forment une couronne autour des plus petites (fertiles). L'appellation *bois d'orignal* provient du fait que cette essence – ainsi que l'érable de Pennsylvanie, qui porte le même nom vernaculaire – fait partie de l'alimentation hivernale du plus gros mammifère de nos forêts. Ces essences ont la particularité d'être de faible taille de sorte que les pousses demeurent à portée de broutage des animaux. Les jeunes pousses ont un revêtement qui les protège contre les gelées intenses de l'hiver. Enfin, ces essences tolèrent l'ombre et peuvent s'accommoder facilement des sous-bois. Peu d'espèces réunissent toutes ces qualités !

accompagné de l'érable à sucre, il forme ce qu'on appelle l'érablière à bouleau jaune typique de la forêt de feuillus, largement répandue dans les Cantons-de-l'Est.

Un regain d'activité

Le cerf de Virginie fait partie intégrante du paysage des Cantons-de-l'Est. On l'observe fréquemment dans les pâturages, mais il n'en a pas toujours été ainsi. Avant la colonisation, le cheptel se répartissait surtout au sud-ouest de Montréal, dans la région des Grands Lacs et du lac Champlain, et plus au sud jusqu'en Virginie, d'où l'origine de son nom. L'expansion géographique du cerf a suivi systématiquement les coupes de bois et le défrichement associés à l'agriculture. Sa population a véritablement connu un essor dans les Cantons-de-l'Est, dès les années 1970. On estime que celle des Cantons-de-l'Est s'élève maintenant à près de 100 000 individus. Dans certaines régions des Cantons, la densité moyenne dépasse 15 cerfs/km^2 et se compare à celle observée à l'île d'Anticosti – consacrée par plusieurs comme le paradis des cerfs de Virginie en Amérique du Nord !

La profusion de jeunes pousses printanières lui permet de faire le plein d'énergie par un apport massif en protéines, en minéraux essentiels et en vitamines. La mise bas des faons a lieu également à cette période de l'année.

Le marais constitue une zone de transition entre la terre ferme et le milieu aquatique. L'eau chaude et stagnante favorise la croissance d'une profusion de plantes et d'invertébrés. Ces franges d'habitats accueillent une faune très riche : amphibiens, reptiles, poissons, oiseaux, mammifères fréquentent ces lieux pour y trouver abri et nourriture et s'y reproduire. Les grandes étendues de prairies humides et la forêt marécageuse sont propices à la nidification et à l'élevage d'oiseaux aquatiques au printemps.

Le colvert est sans doute le canard le plus fréquemment observé dans les Cantons-de-l'Est. Il est facile à identifier à cause de sa grande taille et de la tête verte bien caractéristique du mâle. Comme d'autres canards, il porte un miroir, c'est-à-dire une bande colorée sur les ailes.

Très répandu dans le monde, le canard colvert niche en Amérique du Nord et aussi en Europe, en

LORSQU'IL EST IMMOBILE, LE CERF DE VIRGINIE EST À PEINE PERCEPTIBLE. LA COLORATION DE SON PELAGE LUI PERMET DE SE CONFONDRE AVEC LE MILIEU.

LE CANARD COLVERT FAIT HABITUELLEMENT SON NID AU SOL, À PROXIMITÉ D'UN PLAN D'EAU. CEPENDANT, DANS LES ZONES EXPOSÉES AUX INONDATIONS PRINTANIÈRES, IL PEUT NICHER DANS DES CAVITÉS D'ARBRE PEU PROFONDES.

Le marais de Katevale, dans la région de Sainte-Catherine-de-Hatley, constitue un endroit de prédilection pour les amours du ouaouaron.

Lorsque l'espace est restreint, il n'est pas rare de voir les tortues peintes empilées les unes sur les autres pour prendre un bain de soleil.

Asie et en Australie. Il hiverne aussi loin qu'en Afrique, en Inde et en Amérique centrale. Il est l'ancêtre de presque toutes les races de canards domestiques.

Le colvert affectionne les petits plans d'eau car il peut s'envoler d'un seul coup d'aile. Il fait partie du groupe des canards barboteurs, c'est-à-dire qu'il se nourrit de végétaux en circulant à la surface de l'eau.

Les premières volées de bernaches du Canada migrant vers le Nord en formations en « V » sont un signe avant-coureur du printemps. On reconnaît facilement la bernache à la couleur noire de sa tête et de son cou, à sa joue blanche, à sa grande taille, et surtout à son cri nasillard semblable à l'aboiement d'un chien. Elle occupe une grande variété d'habitats. On la trouve en bordure des étangs, des lacs, des rivières, des marais et des marécages. Elle recherche toutefois les marais à joncs ou à quenouilles pour établir son nid, que le mâle défend farouchement ! La bernache s'établit surtout dans le Grand Nord pour nicher mais, depuis quelques années, on l'observe à plusieurs endroits dans le sud du Québec.

Le carouge à épaulettes est le plus abondant des oiseaux noirs et même de l'ensemble des oiseaux d'Amérique du Nord. Le sud du Québec est particulièrement propice au carouge à épaulettes à cause des milieux ouverts et de l'importance des zones agricoles. Le mâle est facilement reconnaissable à ses épaulettes rouges qui contrastent avec le noir de son plumage. À cause des dommages qu'il cause aux récoltes, c'est l'une des espèces d'oiseaux les plus étudiées.

À partir du mois d'août, on peut remarquer à la fin du jour des carouges qui se rassemblent dans des dortoirs pour y passer la nuit. Ils peuvent ainsi former des groupes de plusieurs milliers d'individus. C'est à cette période de l'année qu'ils menacent les récoltes céréalières, surtout le maïs dont ils sont si friands. On estime les pertes annuelles à 360 000 tonnes en Amérique du Nord.

La position typique du carouge perché sur une quenouille n'est pas le fruit du hasard. La morphologie particulière de son bec lui permet d'extraire les insectes cachés dans les tiges des quenouilles ou encore de prélever un grain de maïs à l'intérieur de son enveloppe.

Brume matinale aux environs de Vale Perkins.

Grange ronde et cabane à sucre traditionnelle à Ways Mills.

Les délices du printemps

Histoire de se sucrer le bec...

Au printemps, l'érable à sucre retient l'attention générale dans les conversations ou même dans les médias. La coulée sera-t-elle abondante ? et le sirop, de qualité ? Malgré les suppositions, le temps des sucres demeure toujours imprévisible car il dépend des températures qu'il fera. Des conditions de gel, la nuit, suivies de températures plus élevées pendant le jour sont indispensables pour induire le phénomène de la coulée printanière.

Au début de la colonie, les cabanes à sucre étaient très rudimentaires. Un assemblage de planches ou d'écorce formait trois murs et soutenait un toit avec une ouverture permettant à la fumée de s'échapper. L'eau était bouillie sur un feu de bois, dans des chaudrons suspendus à des perches. Ces installations temporaires étaient érigées au voisinage de la ferme et démolies à chaque printemps. À mesure que les besoins d'espace pour la culture progressent, l'érablière recule et s'éloigne de la ferme. Le « sucrier » s'installe donc un pied-à-terre pour vaquer jour et nuit aux occupations de la transformation de

l'eau d'érable. Ainsi naissent les premières cabanes à sucre permanentes.

Ce n'est toutefois qu'au début des années 1950, époque du premier concours du meilleur producteur de sirop d'érable, que la traditionnelle partie de sucre, avec son repas copieusement arrosé de sirop, figure parmi les réjouissances des Québécois. Depuis, cette rencontre familiale permet d'oublier le carême et de se sucrer le bec en dégustant des œufs dans le sirop, du jambon, des fèves au lard et les fameuses « oreilles de crisse ».

La récolte d'eau d'érable dans la région de Sainte-Cécile-de-Whitton.

Les plaisirs du ski de printemps au mont Owl's Head.

Sur la neige et sur l'onde...

Les centres de ski qui fabriquent de la neige artificielle jouissent d'une saison active qui atteint et peut même dépasser la fin du mois d'avril. Pour la majorité des mordus de ski et de planche à neige, le printemps permet de dévaler les pistes en tenue vestimentaire légère et dans une neige transformée en « gros sel », expression consacrée par les adeptes.

Au même moment est inaugurée la saison de pêche aux salmonidés, vers la fin d'avril. Les pêcheurs, retraités au cours de la saison d'hiver, sont anxieux de mettre leur embarcation à l'eau. Au matin de l'ouverture, la frénésie dans l'air est palpable. Beau temps, mauvais temps, le seul obstacle à pêcher le jour de l'ouverture, c'est la présence de la glace. Et encore, certains tentent même leur chance en pêchant dans l'eau libre qui sépare le quai de la mince surface glacée.

Par ailleurs, de nombreux ruisseaux des Cantons-de-l'Est regorgent de petites truites mouchetées, indigènes du Québec. Un pêcheur aventureux peut y découvrir des paradis, particulièrement au printemps, quand la crue des eaux atteint son maximum.

Les tournois de pêche se déroulent habituellement les fins de semaine. Certains nécessitent une embarcation; d'autres, plus accessibles, se déroulent

Il est encore possible de taquiner la truite indigène du Québec avec un équipement rudimentaire. Les nombreux ruisseaux offrent des captures de petites truites de 15 à 20 cm; elles sont les plus savoureuses !

La pêche en ville, voilà une excellente façon d'initier les jeunes à ce merveilleux loisir !

à gué. Ces tournois ont lieu un peu partout dans les Cantons-de-l'Est et les plus populaires sont ceux du lac Mégantic, en embarcation, et celui de la rivière Yamaska, au cœur de la ville de Granby, où la pêche se pratique à gué. Quelques jours auparavant, ces deux plans d'eau sont ensemencés avec des milliers de truites, dont certaines sont étiquetées. Le pêcheur qui a la chance de capturer l'une d'elles peut se voir attribuer un prix. Tous s'en donnent à cœur joie au cours de ces activités pratiquées en famille et entre amis.

Prendre la clé des champs...

Les résidants des Cantons-de-l'Est vouent un attachement particulier à leur région et n'hésitent pas à mettre leur petit coin de pays en valeur.

Pour célébrer le début du beau temps, le centre-ville de Dunham se transforme en vaste marché public. Près d'une cinquantaine de producteurs et artisans de l'agroalimentaire régional proposent une variété de produits et offrent des dégustations au grand plaisir des visiteurs. Vins, cidres, produits de l'érable et miels sont à l'honneur.

Berceau des vignobles du Québec, le canton de Dunham fut fondé par les loyalistes. L'architecture des bâtiments rappelle cette période de l'histoire des Cantons-de-l'Est. Le cachet pittoresque des maisons en pierres des champs, dont certaines sont bicentenaires, ainsi que les jardins amoureusement entretenus par les résidants servent de décors à cette célébration des produits du terroir régional.

Plaisirs culturels

À Knowlton, à l'occasion des Journées victoriennes, on célèbre l'héritage architectural d'un des plus beaux villages du Québec. Lors de cette fête, on organise un concours bien original dans le jardin du parc central, mettant en vedette les chiens des propriétaires de boutiques du village. Des prix de toute nature y sont décernés : pour la rapidité à effectuer un parcours, pour la queue la plus longue, ou encore pour la capacité à séduire le public par l'habillement le plus original ou les plus « belles façons ».

Les Cantons-de-l'Est sont reconnus pour la place importante accordée aux arts. On peut assister à des concerts intérieurs ou extérieurs, dans des sites enchanteurs. À North Hatley, le Printemps en musique, dans le cadre du Festival du lac Massawippi, comporte une dizaine de récitals de musique classique dans la petite église Sainte-Élisabeth. De l'avis de l'auditoire, ces concerts sont une nourriture pour l'âme. Quand les conditions météorologiques le permettent, les Concerts d'harmonie de North Hatley sont donnés le dimanche aux abords du lac Massawippi.

Le mont Owl's Head.

L'ÉTÉ

La maturité de la vie

Il est d'étranges soirs
Où les fleurs ont une âme.

Albert Samain

Autant l'arrivée du printemps semble tarder, autant l'été survient à toute allure dès le début du mois de juin. L'air est alors chargé des parfums dégagés par la flore en pleine expansion. Avec l'augmentation de la période d'ensoleillement, les journées allongent, pour connaître leur apogée le 21 juin; au solstice d'été. Les chauds rayons de soleil printanier ont fait fondre la neige et déjà l'eau des lacs et des rivières commence à baisser, jusqu'à connaître son plus bas niveau en fin d'été. Les amateurs de pêche ont, depuis fin avril, mis leur embarcation à l'eau pour taquiner le poisson. Quant aux plaisanciers, l'air ambiant plus clément les incite à se joindre aux premiers et à partager le doux bonheur de voguer sur l'eau.

Étang de conservation Peasley à Bolton Centre.

Ces merveilleuses sculptures de roc sont l'œuvre de l'érosion de l'eau.

L'eau, cette richesse inégalée

L'eau, élément indispensable à l'équilibre des écosystèmes, est omniprésente dans les Cantons-de-l'Est, grâce au magnifique réseau de lacs et de rivières. Cette région du Québec est en effet privilégiée par l'abondance de cours d'eau facilement accessibles. Plusieurs d'entre eux sont hautement recherchés pour le plein air, la navigation ou pour la grande tranquillité...

... cette artiste de la nature

L'eau modèle et sculpte les grandes lignes du paysage. Infatigable, elle érode les surfaces les plus dures. Son action peut être douce ou violente. Le temps est son allié. Elle dissout lentement le calcaire pour former des cavernes ou s'infiltre à travers les roches pour former des stalactites. Elle peut aussi façonner de merveilleuses sculptures de roc. Les marmites de sorcières qui parsèment les lits de plusieurs rivières des Cantons-de-l'Est ont été créées par une petite pierre très dure prise dans un tourbillon d'eau. L'eau pénètre aussi à travers les fissures des roches, les désagrège et les fait voler en éclats en gelant. Dans la fureur de rivières gonflées, elle peut aussi arracher et entraîner tout ce qu'elle rencontre sur son passage. Le fracas de l'eau dans une cascade, la clapotis des vagues sur les parois rocheuses d'un lac ou le doux ruissellement d'une source prennent part aux mélodies de la nature.

... voie de communication

Comme partout ailleurs au Québec, les voies d'eau des Cantons-de-l'Est servaient de réseau de communication. Le bassin de la rivière Saint-François, le plus vaste de la région, reliait le Saint-Laurent et le bassin de la rivière Connecticut. Sur son cours s'effectuaient commerce et déplacements des populations. Le village d'Odanak, une bourgade d'Amérindiens provenant de

Les marmites de sorcières sont creusées dans un lit rocheux par le travail inlassable de l'eau qui entraîne une petite pierre très dure dans un mouvement tourbillonnaire. Dans sa course folle, elle gruge le roc et forme les marmites qui sont différentes les unes des autres.

Le moulin à grains Cornell, en bordure de la rivière aux Brochets à Standbridge-Est, est un bâtiment à trois étages en brique, datant de 1830. On remarque la grande roue à aube, actionnée par l'eau de la rivière. Le moulin abrite désormais le Musée Missisquoi qui relate l'histoire des colons fondateurs du comté de Missisquoi.

la Nouvelle-Angleterre et établie à l'embouchure de la rivière dans le Saint-Laurent vers le début des années 1700, témoigne de ces migrations. La rivière Saint-François a également servi de corridor militaire à l'occasion des conflits opposant les Anglais aux Français et leurs alliés autochtones respectifs.

Au début du peuplement des Cantons-de-l'Est, vers la fin des années 1700, les cours d'eau utilisés par les Amérindiens demeuraient les seules voies de pénétration. Toutefois, les rapides et les nombreux portages imposés par le relief limitaient la navigation à de modestes embarcations. Seule la rivière Saint-François, au débit plus important, avec son vaste réseau d'affluents, était une voie d'accès privilégiée pour atteindre les *Townships* de la région de l'Estrie et des Hautes-Appalaches. Le lac Memphrémagog, le plus grand cours d'eau navigable de la région, a joué un rôle crucial dans le peuplement et le développement économique de la partie centrale des Cantons-de-l'Est. Les sources des affluents du sud s'étendent jusque dans la vallée de la haute Connecticut.

… CETTE FORCE DE LA NATURE

Au début de la colonisation, l'eau des rivières étant la seule force motrice disponible, elle a joué un rôle vital dans l'économie. Le relief des Cantons-de-l'Est favorisait l'utilisation de l'énergie hydraulique. À la suite du retrait des glaciers, les rivières ont pris un profil irrégulier et les chutes ainsi créées furent propices à l'établissement de barrages et de moulins. Le barrage établi en amont d'une chute endiguait l'eau de la rivière et un canal de dérivation la conduisait vers le moulin, situé au pied du barrage. Généralement, une roue mise en mouvement par la chute d'eau actionnait la machinerie dans le moulin.

L'eau alimentait en énergie les meuneries et les scieries le long des cours d'eau, permettant ainsi de moudre des céréales et produire du bois de construction. La présence des chutes de la rivière Magog a favorisé le développement de la ville de Sherbrooke. Presque toutes les villes et villages des Cantons-de-l'Est qui existaient avant l'arrivée du chemin de fer ont pu se développer grâce à la présence d'une chute d'eau fournissant l'énergie et permettant de construire des

Les moulins

Construite en 1871, la Knitting compagny a été une usine de textile prospère. Rasée par les flammes, et reconstruite en 1884, elle fût achetée par la Penmans qui contribua à l'essor économique de Coaticook.

Les premiers colons à qui l'on concéda des terres devaient s'engager à construire des moulins. Les moulins à farine furent donc les premiers à être construits dans la région pour y moudre les céréales et le maïs. Avant leur construction, ce travail était fait à la main par les colons. Le rôle du meunier était très prestigieux dans la nouvelle colonie car le moulin assurait la liaison entre la ferme et l'industrie.

Le deuxième type de moulin que l'on construisit étaient les scieries actionnées par des roues hydrauliques. En l'absence de cours d'eau, un cheval marchant sur un tapis roulant incliné actionnait la scie. Avec la modernisation, la vapeur, puis les moteurs à combustion et finalement l'électricité ont transformé les scieries, mais certains moulins ont continué à fonctionner jusqu'au début du XXe siècle.

Bon nombre d'Écossais qui s'établirent dans les Cantons-de-l'Est étaient des éleveurs de moutons ; ils apportèrent leur savoir-faire dans le traitement de la laine. Avec l'augmentation du nombre des moutons et vu le temps requis pour traiter la laine, on construisit bientôt des moulins à carder. Les colons y amenaient les toisons, qu'ils faisaient traiter, carder et enrouler en faisceaux. La laine était ensuite utilisée sur le rouet ou le métier à tisser. Ces moulins furent les précurseurs de l'industrie du textile et de la laine dans la région. L'un des premiers moulins à carder fut établi à Magog en 1818. De 1840 à 1860, plusieurs filatures de laine cardée ont été fondées dans les Cantons-de-l'Est et la plus importante au Canada fut la Paton Manufacturing Company, à Sherbrooke. Le moulin à laine, construit vers 1850 près d'Ulverton, est l'un des derniers vestiges de cette ancienne époque.

Le prestigieux Manoir Hovey en bordure du lac Massawippi, érigé vers les années 1900 par l'Américain Harry Atkinson, d'Atlanta, Géorgie. Il a été construit à l'image de la maison de George Washington en Virginie.

moulins. Ces installations étaient donc répandues dans l'ensemble de la colonie car les petites rivières étaient plus faciles à exploiter. Vers les années 1830, on dénombrait 376 établissements industriels, surtout concentrés dans le Piedmont et l'Estrie.

... joyau de la villégiature

Vers les années 1850, la belle saison attirait au Québec une foule d'estivants en quête de quiétude et d'air frais. Dès les années 1830, des artistes européens comme William Henry Bartlett et Cornelius Krieghoff ont admiré les lacs et les montagnes des Cantons-de-l'Est. Ils en ont fait des gravures et des toiles largement diffusées en Europe et au Canada, ce qui contribua à établir la réputation internationale de la région pour la beauté naturelle de ses paysages.

Les premiers touristes à fréquenter les grands lacs étaient des voyageurs en provenance de villes de la côte est américaine, recherchant les forêts nordiques,

Comme plusieurs autres, cette résidence d'été en bordure du lac Memphrémagog reflète le souci qu'ont eu les premiers villégiateurs de protéger la nature.

Pont John Cook à Cookshire

Pont Decelles à Cowansville

Pont Freeport à Cowansville

Pont Rouge à la Gorge de Coaticook

Pont McVetty-McKerry à Gould

ou de riches citadins tentés par les plaisirs champêtres du sud du Québec.

Les bateaux à vapeur des Cantons-de-l'Est, conjugués au chemin de fer, inauguré en 1852, ont favorisé le développement les activités hôtelières, première forme de villégiature dans la région. Le *Lady of the Lake,* lancé en 1867 sur le lac Memphrémagog, accueillait parfois plus de mille passagers. La traversée de ce lac devint, pour plus d'un demi-siècle, une excursion pour la bourgeoisie et la population en général.

Au cours du XIXe siècle, des villages comme Magog et Georgeville, sur le lac Memphrémagog, et North Hatley, sur le lac Massawippi, ont connu un essor remarquable. Ils deviennent des destinations touristiques recherchées avec des auberges et des hôtels de prestige permettant d'héberger des centaines de visiteurs. Il en fut de même pour les abords des lacs Brome et Mégantic.

La beauté des lacs Massawippi et Memphrémagog a incité de riches familles de Montréal, de Boston et de New York à y construire des propriétés de campagne prestigieuses.

Des terrains acquis en bordure du lac Memphrémagog deviendront pour l'élite montréalaise un domaine doté d'un terrain de golf, l'Hermitage Country Club. La famille Molson et celle de Hugh Allan acquièrent des terrains dans la région de Georgeville et, près de la frontière, des familles de Stanstead, de New York et de Boston érigent leurs demeures sur la rive et sur les îles.

North Hatley est prisée par les familles américaines. Les premières qui s'établissent vers 1886, proviennent des États du sud, c'est-à-dire du sud de Washington, de la Virginie et de la Caroline. Ces gens, après la guerre civile, étaient encore mal reçus dans le Maine, le New Hampshire et le Massachusetts. Pour prendre l'air frais, ils recherchaient donc «l'extrême nord». C'est ainsi que North Hatley connut un développement formidable de grandes résidences d'été à l'américaine. Plus de 65 % de sa population était alors saisonnière ; de nombreuses demeures témoignent encore de cette époque. Les visiteurs d'été s'adonnaient à des régates. La voile et le canotage y sont toujours populaires, de même que le golf et le tennis.

La haute société sherbrookoise fréquentait, quant à elle, les rives du lac Magog. De splendides demeures s'érigeront aussi au début du XXe siècle autour du lac Brome. Certains amants de la nature fréquenteront même les lacs pour y camper.

De nos jours, les lacs des Cantons-de-l'Est sont les plus grands plans d'eau des régions habitées du Québec. Les villages tels que Lac-Brome (Knowlton), Georgeville, Magog, North Hatley, Ayer's Cliff et Lac-Mégantic sont devenus des centres de villégiature très populaires.

Des toits sur les ponts

On découvre les ponts couverts avec ravissement au détour des petits chemins de campagne enjambant ruisseaux et rivières. Il y en avait des centaines dans la région au siècle dernier et la plupart des villages en possédaient un, sinon plusieurs. Les ponts couverts présentent un cachet mystérieux. Ils ont abrité des regards indiscrets la découverte d'une première cigarette ou d'un premier baiser, d'où leur nom de « pont des amoureux ».

Ils existent depuis des siècles et certains qui subsistent en Europe remontent au Moyen Âge. En Amérique, ils ont fait leur apparition au XIXe siècle sous l'influence de la Nouvelle-Angleterre. On en construisit dans plusieurs autres régions des États-Unis ainsi qu'au Québec, en Ontario et dans les Maritimes. Certains prétendent que les ponts couverts étaient conçus pour abriter les voyageurs par mauvais temps. D'autres croient que les parois et le toit, masquant les eaux turbulentes de la rivière, empêchaient les chevaux de s'affoler. Dans les faits, le toit et les murs, construits habituellement en poutres de cèdre, protégeaient le tablier de la rigueur du climat. Alors qu'un pont ouvert avait une durée de 10 à 15 ans, un pont recouvert pouvait résister près de 100 ans. Il présentait cependant un inconvénient : l'hiver, on devait épandre de la neige sur la chaussée pour faciliter le passage des traîneaux.

On peut observer plus d'une vingtaine de ces ponts dans les Cantons-de-l'Est. Certains figurent parmi les plus anciens du Québec et sont encore utilisés pour le passage des piétons et des voitures.

Hangar à bateau traditionnel au lac Memphrémagog. Ingénieusement construits, ces abris préservent les embarcations des dommages causés par les fortes vagues et les intempéries.

Autour du lac Memphrémagog, des hangars à bateau tiennent lieu de véritable résidence pour le moins somptueuse.

Des toits pour les bateaux

Les Cantons-de-l'Est possèdent une autre particularité architecturale. Il s'agit des hangars à bateau (de l'anglais *boathouse*) attenants aux propriétés situées aux abords des grands lacs. Bien qu'on en trouve sur les rives d'autres lacs de la région, c'est au lac Memphrémagog qu'on peut en admirer le plus grand nombre et observer la plus grande diversité architecturale. Certains d'entre eux sont de construction simple, voire rudimentaire, alors que d'autres, plus extravagants par leur forme et la richesse de leurs matériaux, sont de véritables chefs-d'œuvre architecturaux.

Ce lac compte plus d'une centaine de ces constructions, dont certaines datent du début du siècle dernier. Les plus exigus logent à peine une petite embarcation, alors que d'autres ont l'envergure d'une grange et peuvent abriter jusqu'à quatre bateaux de taille moyenne. Voguer sur l'onde pour admirer discrètement la diversité de ces constructions vaut en soi le déplacement.

La croissance et l'éclosion

Une randonnée à pied ou à vélo dans les forêts nous permet d'observer trois belles fougères. Il s'agit de deux spécimens de la famille des osmondes – l'osmonde de Clayton et l'osmonde cannelle – et d'un autre de la famille des polypodes, la *Dennstaedtie* à lobules ponctués.

L'osmonde de Clayton, ainsi nommée en l'honneur de son découvreur John Clayton, est la moins commune des deux et croît en forêt dans les lieux humides. Parfois très abondante, elle forme des colonies d'allure imposante et exotique. Ses frondes végétatives peuvent facilement atteindre une hauteur d'un mètre et une longueur de deux mètres. Son appareil reproducteur, ses frondes fructifères de couleur brun foncé, est situé au milieu des tiges, ce qui la différencie de l'osmonde cannelle. On lui attribue des vertus médicinales; en compresse, elle a des propriétés antirhumatismales.

Les frondes fertiles (brunes) de l'osmonde de Clayton se trouvent au milieu des tiges de cette majestueuse fougère.

La vie après la mort

Même mort, l'arbre est source de vie. En effet, les champignons s'installent en premier sur la souche. Puis, ce sont les mousses et les lichens. Ceux-ci se décomposent et forment une couche d'humus suffisamment épaisse pour que d'autres espèces végétales s'implantent et ainsi de suite, jusqu'à ce qu'une graine tombée d'un arbre se dépose sur ce tapis de débris humides. La graine y trouve un milieu favorable à la germination et donne naissance à un autre arbre.

Pendant tout ce temps, la souche subit des transformations métaboliques – par les champignons, les insectes et autres animaux – et physiques – par les intempéries. Ces agents de décomposition agissent comme concierges de la forêt en la nettoyant et en retournant les éléments nutritifs au sol. La forêt mixte des Cantons-de-l'Est permet d'observer un grand nombre d'espèces de champignons, au grand plaisir visuel et gustatif des mycologues amateurs.

Les vieux arbres comme cet érable deviennent des substrats idéaux pour la fixation de champignons. C'est le début du cycle naturel de décomposition et du retour à la terre.

L'osmonde cannelle pousse quant à elle dans les bois, marais et tourbières. Il lui arrive de côtoyer l'osmonde de Clayton. Cette fougère peut atteindre la taille d'une personne, ce qui la classe parmi les plus grandes fougères du nord-est américain. Elle est reconnaissable par sa couronne de frondes d'un vert tendre contrastant avec la couleur cannelle de ses frondes fertiles, situées, comme de longs roseaux, en plein centre de la couronne. Au grand étonnement des botanistes, cette plante croît également dans l'est de l'Asie. Le rhizome de cette plante aurait des propriétés adoucissantes et légèrement astringentes utiles contre la diarrhée.

La *Dennstaedtie* à lobules ponctués croît en colonies très denses. Elle a des frondes à feuilles très fines, d'un vert tendre. Les randonneurs seront heureux

La plus imposante de nos fougères, l'osmonde cannelle, nous présente ses frondes fertiles bien au centre de son éventail.

Les feuilles en forme de cornet de la sarracénie pourpre sont de véritables pièges à insectes. Elles accumulent l'eau de pluie. L'insecte vient s'y abreuver mais de petits poils dirigés vers le bas l'empêchent alors de sortir. Il se noie, pour ensuite être digéré par la plante.

Les poils glanduleux de la belle Droséra à feuilles rondes lui permettent de capturer les insectes.

d'apprendre que les rhizomes de cette fougère, lorsque séchés et bouillis dans du vinaigre, soulageraient la fatigue des pieds.

Une autre particularité des Cantons-de-l'Est est la présence de la tourbière de Saint-Daniel, protégée par les autorités provinciales du Parc Frontenac, au nord-ouest du lac Mégantic. Le décor fascinant de cette tourbière permet d'observer une grande diversité de plantes, parfois étonnantes. Dans ce milieu aquatique où l'eau ne circule à peu près pas, l'accumulation de matière ligneuse dépasse largement la décomposition organique. Le surplus formé à la longue, appelé tourbe, et la végétation qu'il soutient constituent la tourbière. Ce tapis végétal rend le milieu inhospitalier pour l'homme qui s'y aventure.

La tourbière qu'on y observe, de type structurée, est peu commune. Sa formation en longues mares d'eau étroites, séparées par des tapis de mousse de sphaigne, serait associée au phénomène glaciaire que cette région du sud du Québec a connu, il y a plusieurs milliers d'années. On trouve habituellement ce type de tourbière dans les latitudes nordiques et sa présence dans les Cantons-de-l'Est demeure encore mystérieuse.

Les tourbières abritent des plantes particulières, dévoreuses d'insectes. Parmi celles-ci, la sarracénie pourpre peut croître jusqu'à hauteur de 35 cm et la droséra à feuilles rondes, plus petite, atteint une taille d'au plus 10 cm. Tout comme les autres plantes, elles recourent à la photosynthèse, mais l'apport d'insectes leur procure des éléments nutritifs essentiels, absents dans le sol de la tourbière. Un bel exemple d'adaptation au milieu !

Au temps de la fête nationale du Québec, l'iris versicolore nous offre les couleurs de l'arc-en-ciel dans un décor naturel. Cette plante indigène chez nous rappelle magnifiquement bien la forme de la fleur de lis héraldique du drapeau du Québec. En 1999, l'Assemblée nationale la sacrait officiellement fleur emblématique du Québec.

Cette plante vivace à rhizome fleurit vers la fin du printemps jusqu'au début de la saison estivale. Elle

La rudbeckie hérissée (ou marguerite jaune) était absente du nord-est américain avant les années 1830. Aujourd'hui, elle orne les bordures des chemins de campagne ainsi que l'autoroute des Cantons-de-l'Est.

L'iris versicolore, fleur emblématique du Québec. La variété et l'harmonie des couleurs de sa fleur illustrent parfaitement la diversité culturelle québecoise.

préfère les milieux humides. Ce symbole naturel souligne la place de l'eau et des milieux humides au Québec, de même que l'importance de l'environnement. Les marais des Cantons-de-l'Est vous permettront au cours du prochain été de découvrir la splendeur de cette fleur emblématique.

La vipérine est une autre plante que l'on peut dénicher en bordure des chemins, dans les champs et lieux incultes. Cette magnifique plante, qui fleurit depuis la mi-juillet jusqu'à la fin de la saison estivale, doit son nom à une croyance populaire qui lui attribuait la vertu de neutraliser le venin de vipère simplement parce que ses graines ressemblaient à la tête du reptile et que les taches sur sa tige s'apparentaient à celles de l'animal...

Aujourd'hui, on lui reconnaît d'autres qualités médicinales. Sa teneur en salpêtre permettrait, lorsque consommée en infusion, de réduire la fièvre et les maux de tête. Le miel bleu de cette plante aurait ces mêmes propriétés médicinales.

Il faut se méfier de la belle vipérine. En effet, ceux qui veulent en faire des bouquets ornementaux doivent se garder des poils piquants qui la protègent naturellement des animaux qui voudraient la brouter.

Douceurs matinales...

La coulée douce...

L'été est une saison d'abondance alimentaire et de repos pour la faune. Après l'hiver, qui leur est difficile, et le printemps, où la vitale quête de nourriture les accapare, la saison estivale se présente comme un moment relativement léthargique pour les cerfs de Virginie.

Leur distribution est moins concentrée qu'au printemps; ils s'aventurent même à brouter les jardins, au grand désespoir des jardiniers. Les cerfs peuvent en effet causer des dommages à certains types de cultures, notamment dans les nombreux vergers de pommes des Cantons-de-l'Est; c'est ce que l'on appelle la déprédation.

Les populations de cerfs des Cantons-de-l'Est ont connu depuis les dix dernières années une croissance spectaculaire ; les hivers doux et les printemps hâtifs en sont les principales raisons. Dans plusieurs secteurs, le cerf atteint et peut même excéder la capacité de support alimentaire du milieu. Le broutement diminuant les ressources alimentaires, il y aura augmentation des morts naturelles chez les cerfs de Virginie et l'équilibre entre la population et la nourriture se rétablira.

L'été, les mâles adultes ont tendance à se rassembler en petits groupes et à vivre à l'écart des femelles. On les voit rarement exposés en plein champ, comme le font les femelles et les jeunes à la tombée du jour. Les mâles se nourrissent plutôt la nuit et affectionnent, le jour, les forêts denses de conifères qui leur garantissent une plus grande quiétude.

À la fin de l'été et au début de l'automne, les jeunes cerfs connaissent une période de croissance maximale. Les adultes accumulent alors des réserves en vue de la période de reproduction automnale et pour faire face aux rigueurs hivernales qui suivront.

Le raton laveur occupe la partie sud du Québec et est particulièrement abondant dans les Cantons-de-l'Est. Cet animal nocturne, de nature plutôt sociable,

L'épervière orangée, d'abord remarquée dans la région de New York vers 1875, semble avoir migré au Québec par les Cantons-de-l'Est. L'Amiral, ce magnifique papillon, est l'insecte emblème du Québec. Les bandes blanches qui contrastent sur ses deux paires d'ailes noires lui ont valu son nom.

Le raton laveur peut malheureusement être porteur de la rage. Il est donc fortement avisé de ne pas le nourrir.

Les vols ascendants de l'urubu à tête rouge lui permettent de planer et de se refroidir, sans grande dépense énergétique.

est très opportuniste. Il peut facilement repérer des réserves de nourriture et trouver la manière d'y accéder. Son sens du toucher, particulièrement développé, lui permet d'ouvrir une porte ou de soulever le couvercle d'une poubelle. Il est aussi un habile grimpeur et, contrairement à la majorité des autres mammifères, il peut descendre d'un arbre tête première comme un écureuil.

Son nom de chat sauvage lui vient des premiers colons européens, qui l'auraient confondu avec le chat sauvage d'Europe qui possède lui aussi une queue annelée. Son nom anglais, *racoon,* vient de *roughcoune*, un mot algonquin signifiant qui «gratte avec ses mains».

Les Cantons-de-l'Est, par leur situation géographique favorable au sud du Québec, offrent une grande diversité d'habitats naturels propices à plusieurs espèces d'oiseaux. En effet, la région fait partie des aires limitrophes d'espèces nordique et méridionale, de telle sorte que le chevauchement de ces deux types de distribution augmente la diversité d'oiseaux, au grand bonheur des ornithologues amateurs. De plus, les Cantons-de-l'Est sont situés en plein couloir de migration pour un bon nombre d'espèces. Les inventaires du Service canadien de la faune démontrent d'ailleurs qu'on y observe le plus grand nombre d'espèces d'oiseaux, soit plus de 80, par parcelle inventoriée.

Parmi les espèces particulières, mentionnons d'abord l'urubu à tête rouge (jadis appelé vautour à tête rouge) qui fut d'abord aperçu vers la fin des années 1970. On le considérait alors comme un visiteur inusité au Québec. De nos jours, il est plus répandu. Ce phénomène s'explique par le réchauffement du climat dans le nord-est de l'Amérique du Nord, la quantité importante d'animaux tués sur les routes, ainsi que

Une des épithètes employées pour désigner le cardinal à poitrine rose est celle de « musicien en grande tenue ».

Le battement des ailes du colibri émet un bourdonnement perceptible, ce qui lui a valu le nom anglais de *hummingbird*.

la détérioration des habitats dans la limite sud de son aire de répartition.

On le voit très souvent en vol par une belle journée ensoleillée. On reconnaît l'urubu à tête rouge par ses grandes ailes en forme de V pouvant atteindre une envergure de 1,8 m, et à son plumage noir. En général, l'urubu se tient seul ou en groupe de trois. De plus près ou avec des jumelles, on peut distinguer la tête rouge déplumée de l'adulte.

Par canicule, bon nombre d'espèces d'oiseaux profitent de la fraîcheur d'une brise en ouvrant leurs ailes pour ainsi mettre leur peau à nu. L'urubu à tête rouge, en plus de profiter de l'air plus frais des vents ascendants, pratique ce que les Anglais appellent l'*urohidrosis*. Ce curieux phénomène d'adaptation consiste à simplement laisser tomber une fiente juteuse sur ses pattes. L'évaporation qui s'ensuit permettrait de réduire la température des membres inférieurs...

Le colibri à gorge rubis, le seul présent dans l'est du continent, est le plus petit oiseau du Québec. On le voit fréquemment dans les Cantons-de-l'Est, particulièrement autour des jardins fleuris où il s'abreuve du nectar des fleurs et se nourrit d'insectes. Il fréquente aussi volontiers les abreuvoirs offrant de l'eau sucrée, au grand plaisir de leur nourricier.

Ce petit oiseau se comporte comme un goinfre ! Il doit en effet consommer sept à huit repas à l'heure à cause de son métabolisme élevé. Un cœur d'humain bat

Une « belle » de nuit !

72 fois à la minute ; pour un oiseau, le rythme moyen est de 220 battements. Chez le colibri, le cœur atteint un rythme infernal de 615 battements à la minute et peut plus que doubler en période d'intense activité. Son battement d'ailes extrêmement rapide – entre 20 à 80 battements à la seconde – lui permet de voler sur place, monter, descendre et même reculer; le tout avec une grande précision.

Le climat de la région de Compton est propice à la culture de plantes fourragères, nécessaire à l'élevage de ruminants. La prairie et les pâturages occupent 85 % des superficies de culture.

En septembre, le colibri à gorge rubis entame sa migration pour hiverner dans l'extrême sud de certains États américains, et depuis le nord du Mexique jusqu'au Costa Rica. Pour se rendre dans ces endroits, il doit traverser en vol direct le golfe du Mexique, ce qui représente plus de 900 km ! À une moyenne de 40 km/h, il s'agit d'un vol soutenu d'environ 24 heures.

Le cardinal à poitrine rose est considéré comme un nicheur commun dans le sud du Québec et en particulier dans les Cantons-de-l'Est. Cet oiseau y aurait migré depuis Montréal et la région de l'Outaouais au début des années 1900.

Le mâle est remarquable par l'élégance de son plumage contrasté noir et blanc, avec un triangle rouge vif sur la poitrine. La femelle, comme chez la majorité des oiseaux nicheurs, arbore un plumage plus terne, ce qui lui permet de mieux se soustraire à la vue des prédateurs au moment de la couvaison. Le territoire de migration de cette espèce s'étend du Mexique jusqu'au nord de l'Amérique du Sud, mais on a signalé la présence de cardinals en quelques rares occasions au Québec pendant l'hiver.

Ces pionniers de l'agriculture

Dès le début de la colonie, l'influence américaine se remarque chez les agriculteurs des Cantons-de-l'Est par les méthodes de culture, l'outillage et les produits cultivés. Cette forme d'agriculture se distingue de ce qui est pratiqué ailleurs au Québec, et qui est basé sur le mode familial d'exploitation. Dans les seigneuries, on cultivait pour la subsistance des céréales comme le blé, l'avoine et l'orge, et peu d'espace

Grange ronde de Mansonville. Les granges rondes sont typiques du paysage agricole des Cantons-de-l'Est.

était alloué au fourrage et au pâturage. Les agriculteurs des *townships* consacraient beaucoup d'espace à l'élevage des animaux et la culture des plantes fourragères occupait les quatre cinquièmes de la superficie des terres.

Au milieu du XIXe siècle, la priorité des éleveurs sera d'améliorer la qualité de leurs troupeaux avec des animaux de race pure d'origine britannique. Les ranchs d'élevage de bovins de boucherie ou de vaches laitières seront un trait distinctif de l'agriculture régionale pendant plus d'un siècle et joueront un rôle fondamental dans l'histoire des Cantons-de-l'Est. Depuis le début du XXe siècle, grâce aux *townships,* la plupart des régions du Québec ont adopté une agriculture orientée vers la production laitière.

Ces rondeurs remarquables

Les granges rondes sont presque exclusives au patrimoine agricole des Cantons-de-l'Est. La majorité de celles du Québec sont en effet confinées à la région, non loin de la frontière américaine.

Le concept des granges rondes, importé de la Nouvelle-Angleterre, a fait son apparition dans la région en 1880. Les *Shakers*, un groupe religieux implanté dans les États américains du nord au XVIIIe siècle, ont conçu la structure circulaire. Le cercle représentait pour eux la plus parfaite des formes. Une croyance populaire soutenait également que la construction circulaire permettait de se garder du diable, qui aurait l'habitude de se cacher dans les coins !

Plusieurs raisons d'ordre pratique expliquent le recours à la forme circulaire. Elle répond d'abord à un objectif d'efficacité et de rentabilité car le bâtiment de

Grange ronde de Barnston-Ouest. Les granges rondes font la fierté de plusieurs agriculteurs des Cantons-de-l'Est. La plupart d'entre elles servent encore d'étables.

ce type résiste mieux aux vents et offre une organisation optimale de l'espace intérieur. Les animaux, les fourrages, les instruments aratoires sont tous sous le même toit. Placés en cercle, les animaux ont la tête orientée vers le silo central, ce qui facilite le ravitaillement et le nettoyage. Les fenêtres autour assurent l'éclairage constant à toute heure du jour.

Le rez-de-chaussée sert de remise pour le fumier des vaches situées à l'étage, elles y accèdent par un pont incliné. La grange doit donc être placée en contrebas d'un monticule. Voilà pourquoi ce type de construction est si fréquemment observé dans les régions vallonnées de la Nouvelle-Angleterre et du sud du Québec.

Avec la modernisation de l'équipement de trait, qui fonctionne mieux lorsque les vaches sont placées en rangée, les granges rondes ont été délaissées. De plus, leur forme particulière se prête mal à l'agrandissement ou à l'ajout d'autres bâtiments.

On en trouve dans les MRC de Brome-Missisquoi et Memphrémagog, mais la majorité d'entre elles sont situées près de Coaticook.

Des réserves en hauteur

Les premiers silos en bois sont apparus dans les années 1880. Ils étaient circulaires et de même hauteur que les granges qu'ils jouxtaient. Ils étaient parfois

Dès les années 1850, la fabrication du beurre et du fromage devient une spécialisation : on assiste aux premiers pas d'une production industrielle et organisée en syndicats de cultivateurs. Vers 1890, l'industrie fromagère trouve des débouchés importants en Grande-Bretagne et dans d'autres pays européens, et le Québec devient le fournisseur de cheddar de la Grande-Bretagne. Pendant de nombreuses décennies, le fromage, une spécialité des Cantons-de-l'Est, représente près des trois quarts de la production du Québec. On dit que c'était l'époque des « patrons » car les cultivateurs demeuraient propriétaires de la matière première. Ils apportaient leur lait à la fromagerie et reprenaient le fromage fabriqué, conservé dans des caisses de bois, pour s'occuper eux-mêmes de la mise en marché dans les grands centres. Ce système de production aurait existé jusqu'en 1955.

Grange ronde au parc de la Gorge de Coaticook. La structure des granges rondes a été développée par les membres d'une secte religieuse originaire de la Nouvelle-Angleterre.

édifiés à l'intérieur de la grange. Leur abondance dans le paysage résulte de l'intensification des pratiques agricoles vers les années 1930.

L'ensilage permet d'entreposer le maïs et le fourrage vert nécessaires au troupeau durant l'hiver et compense l'insuffisance des pâturages durant l'été. Les silos modernes se dressent fièrement au-dessus des bâtiments de ferme et affichent souvent les noms des propriétaires... et parfois même leurs allégeances politiques.

Les silos de ferme ont depuis longtemps modelé le paysage rural.

Région de Saint-Georges-de-Winsor. Le paysage agricole fait partie du patrimoine rural des Cantons-de-l'Est. Comme ailleurs au Québec, il est menacé par l'abandon des pratiques agricoles et la reprise de la végétation dans les terres en friche.

La satisfaction du travail accompli.

L'agriculture d'aujourd'hui

Depuis les années 1920, le monde agricole des Cantons-de-l'Est s'est profondément transformé. Le nombre de fermes a chuté de 60 % entre 1940 et 1970, alors que la spécialisation des fermes laitières s'est accentuée. Au tournant des années 2000, l'élevage de ruminants représente près de 70 % des entreprises agricoles et l'industrie laitière domine avec plus de 800 producteurs. La MRC de Coaticook se classe troisième au Québec pour le volume de production laitière avec près de 40 % du quota de l'Estrie. Elle constitue encore aujourd'hui le bassin laitier du Québec.

La campagne de Coaticook est riche en fermes laitières prospères.

Concours d'attelages de chevaux à la foire de Brome.

L'élevage de bovin de boucherie revêt aussi une importance pour l'agriculture avec près de 750 producteurs qui en font leur principal revenu, notamment dans les régions du Haut-Saint-François et du Val Saint-François.

Depuis les années 1970, les agriculteurs des Cantons-de-l'Est optent pour une diversification de leurs activités, suivant l'exemple d'autres régions du Québec avec des élevages de mouton, de porc, et de volaille. On s'intéresse également au grand gibier tels le cerf, le bison, le sanglier, le lama, et aussi aux ratites (émeu, autruche).

Les foires agricoles

Au cours du XIXe siècle, les associations agricoles, alors bien ancrées dans les traditions de la Nouvelle-Angleterre, se sont établies dans les Cantons-de-l'Est.

Le monde animal a toujours inspiré les fabricants de girouettes. De bois, de fer-blanc ou de cuivre, elles rappellent les animaux domestiques de la ferme. Ces œuvres, souvent de faction artisanale, surplombent fièrement de nombreux bâtiments de ferme des Cantons-de-l'Est.

Elles furent fondées pour permettre les échanges d'idées visant à améliorer les pratiques agricoles et les techniques d'élevage. L'exposition agricole ou la foire du compté se déroulait annuellement. C'était un événement social où les gens se rencontraient et célébraient les récoltes. Les fermiers et leurs familles venaient y acheter et y vendre les animaux de ferme.

Aujourd'hui, les associations agricoles sont toujours très actives et les foires agricoles encore très populaires. Chaque année, elles reviennent avec leurs traditions. Les plus réputées se tiennent à Brome, Ayer's Cliff, Cookshire, Richmond et Bedford, cette dernière étant la plus ancienne foire agricole du Québec.

Vignoble de la région de Dunham. Les vignobles des Cantons-de-l'Est ont marqué la renaissance de la culture de la vigne au Québec dans les années 1980.

La chair du terroir

« Le vin, c'est la lumière du soleil captive dans l'eau. »

Galilée

Les Grecs lui ont attribué du dieu particulier, et le christianisme en a fait un élément essentiel de ses mystères. Dans notre société, on accorde au vin une large place lors de célébrations, réceptions, hommages, vœux...

Bien que l'origine de la culture de la vigne soit incertaine, on aurait trouvé de la lie fossilisée en Asie mineure et le vin apparait vers la fin du VIe millénaire avant notre ère. Cette époque lointaine aurait vu les populations humaines devenir plus sédentaires et se tourner vers l'agriculture.

Depuis longtemps, les vignes à l'état sauvage s'étendaient sur l'hémisphère boréal, qui a été fractionné par la dérive des continents. La vigne restée en Amérique, formant des lianes robustes et parasites des arbres qu'aperçut Jacques-Cartier à son arrivée, donne un vin âcre peu approprié à la consommation. Grâce à différentes techniques de bouturage, d'hybridation et de greffe, la sélection obtenue au fil des siècles a permis de constituer des variétés qu'on appelle cépages et qui fournissent le précieux liquide.

Le Québec compte une trentaine de vignobles commerciaux et bon nombre d'entre eux sont situés dans les Cantons-de-l'Est. Les collines et les vallées enchanteresses du Piedmont sont en effet le berceau

La cueillette des raisins se fait toujours à la main; délicatesse oblige.

Les minuscules fleurs de la vigne dégagent un parfum délicat.

Promesse de vendange !

de la renaissance du vin au Québec. Au milieu du XIXe siècle, des vignobles ont été établis dans la région de Montréal mais, à cause de la rigueur du climat et des cépages fragiles, cette culture n'a pas démarré. Elle est restée confinée à quelques jardins jusque dans les années 1980 où, grâce aux techniques modernes mieux adaptées, débuta véritablement la viticulture commerciale. Au Québec, en raison de la courte saison chaude, la viticulture exige des vignes à croissance rapide et résistantes au froid. Alors que dans les pays chauds le travail du vigneron s'étend sur toute l'année, en sol québécois, il doit être effectué dans une période de six mois.

Les vins produits sont essentiellement des vins blancs ainsi qu'un peu de vins rouges et rosés. S'ajoutent à ceux-là des vins élaborés selon la méthode champenoise, certains apéritifs et des vins de glace appelés *icewine*.

Bien que l'on en trouve à Brigham, Magog et Stanstead, la route 202, dénommée «la route des vins» dans la région de Dunham, offre la plus grande concentration de vignobles. Vergers et vignobles façonnent le paysage et des maisons de pierres des champs, bâties il y a plus de 100 ans parent le cœur du village. On peut admirer les vallons fertiles de la région et, au loin, le profil des Appalaches qui se découpe à l'horizon. On remarquera des cyclistes cherchant du vin ou des produits de la pomme pour donner une saveur champêtre à leur repas. D'autres pourront se procurer des paniers à pique-nique bien

LES CHAMPS DE MAÏS EN BORDURE DES ROUTES DE CAMPAGNE REFLÈTENT LE CŒUR DE L'ÉTÉ.

garnis. Les vignobles accueillent le public et contribuent aux activités agrotouristiques de la région .

LE MAÏS, DON DES DIEUX

L'appellation *blé d'Inde* pour désigner le maïs perpétue la méprise de Christophe Colomb qui se croyait aux Indes alors qu'il était aux Antilles. Tout comme la tomate et la pomme de terre, le maïs est originaire des Amériques, où il fut et constitue encore une nourriture essentielle pour le développement des peuples autochtones. Le grand nombre de coutumes, de rituels et même de sacrifices humains associés au maïs,

UN ÉPI AUX GRAINS BIEN CHARNUS NOUS MET L'EAU À LA BOUCHE.

anciennement pratiqués par les Indiens d'Amérique (Aztèques, Mayas, Incas et autres) illustre leur vénération pour cette céréale.

Son origine dans la nature demeure toutefois mystérieuse car déjà les Amérindiens avaient transformé la plante par sélection génétique afin d'améliorer son rendement. Comme beaucoup d'autres végétaux utilisés en agriculture, le maïs a désormais besoin des interventions humaines pour maintenir les caractères génétiques qu'on lui a conférés.

Quand il est question de maïs, il faut distinguer celui qui est destiné à la consommation animale – le maïs-grain et le maïs fourrager – du maïs sucré, bien connu des amateurs de blé d'Inde. Le Québec est un grand producteur de maïs. À la fin des années 1990, il fournissait près du tiers de la production canadienne de maïs-grain et de maïs sucré.

La qualité des sols et les températures généralement élevées du piedmont des Cantons-de-l'Est en font une région favorable à cette culture. Le pourtour de la baie Missisquoi, dans la plaine du Saint-Laurent, est particulièrement propice car il bénéficie de l'indice climatique le plus élevé au Québec pour ce type de culture. D'ailleurs, d'un point de vue agricole, on associe davantage ce secteur à la Montérégie, la plus importante zone agricole du Québec. Toutefois, la superficie allouée à la culture du maïs demeure faible, comparativement à d'autres régions de la Montérégie telles que Saint-Hyacinthe, Lajemmerais ou Napierville. À cause du mode de culture en larges espacements entre les rangs, qui entraîne l'érosion des sols, et de l'usage de grandes quantités de pesticides et fertilisants, la culture du maïs suscite des préoccupations environnementales.

Pour ce qui est du plateau appalachien et des hautes terres, le relief et le climat plutôt frais qu'on y observe ne favorisent pas la culture de maïs, notamment celle à haut rendement. Dans les régions d'élevage de bovins laitiers, on pratique toutefois la culture du maïs fourrager, qui se prête à l'ensilage.

Faire le plein… d'air

Percer les secrets des Cantons-de-l'Est à vélo est une expérience unique. Les amateurs peuvent profiter du climat particulièrement clément de cette région en

Les abords du lac Massawippi, à North Hatley attirent les cyclistes du dimanche.

Les sentiers balisés permettent l'ascension en toute sécurité vers le Round top, à Sutton.

V'LÀ LE BON VENT, V'LÀ LE JOLI... TEMPS!

LE SLALOM NAUTIQUE, UNE DANSE AVEC L'ONDE.

pratiquant leur activité favorite du printemps à l'automne. Cependant, c'est à l'été que l'on découvre les plus belles mosaïques de couleurs du paysage forestier et agricole en parcourant les vallons, crêtes et plateaux caractéristiques des Appalaches. Des randonnées, d'une journée ou plus, donnent accès à des paysages bucoliques et à des décors enchanteurs. Parmi les randonnées très populaires, mentionnons le Tour du lac Memphrémagog et le Grand Tour du lac Mégantic.

Les Cantons-de-l'Est comptent plus de 200 km de sentiers balisés pour le vélo de montagne. Pour celui ou celle qui cherche les émotions fortes, le Centre de ski de Bromont compte à lui seul plus de 100 km de sentiers balisés et offre huit pistes de descente pour les mordus et les casse-cou. C'est aussi à cet endroit que se tiennent les Championnats *Masters* mondiaux.

Les Cantons-de-l'Est offrent aussi un défi de taille au cycliste sportif. Les multiples routes qui traversent monts et vallées peuvent constituer un choix sur mesure pour l'adepte en quête d'une balade, tout autant qu'à celui qui cherche à se dépasser.

Pour ceux et celles qui veulent davantage profiter des spectacles qu'offrent les montagnes, les vallons et les nombreux ruisseaux des Cantons-de-l'Est, la randonnée pédestre est tout indiquée. Cette région du Québec présente aussi aux amateurs de marche des défis pour tous les niveaux avec ses innombrables sentiers balisés de longueur variée, en quasi-absence de moustiques !

Les Sentiers de l'Estrie longent sur plus de 150 km la chaîne des monts Sutton, entre la frontière canado-américaine et Kingsbury, en passant par les monts Orford, Glen, Écho et Sutton. Ils donnent accès à de nombreux points de vue du relief appalachien et permettent des randonnées de plusieurs jours ainsi qu'un grand choix de courtes sorties d'une journée. Ils offrent aussi un accès au Sentier international des Appalaches (SIA), qui s'étend de la Géorgie, aux États-Unis, à l'extrémité est du parc Forillon, en Gaspésie.

L'Estrie est reconnue pour ses magnifiques plans d'eau. Les rivières et lacs de dimensions variées se prêtent à la pratique de sports nautiques ou, tout simplement, permettent de se détendre en famille

La fameuse traversée internationale du lac Memphrémagog ! Des nageurs provenant de tous les coins de la planète traversent le lac depuis Newport jusqu'à Magog. La distance marathonienne (40 km) est franchie par les premiers en moins de neuf heures!

ou entre amis en s'adonnant à des activités plus contemplatives.

Les lacs Mégantic, Orford ou Memphrémagog ainsi que la rivière Missisquoi sont de plus en plus fréquentés par les adeptes du kayak de mer. Ces embarcations, autrefois réservées aux randonnées dans les fjords du Saguenay ou encore dans l'archipel de Mingan, font la joie de nombreux adeptes sur les grands plans d'eau douce du Québec.

Durant l'été, les voiliers, catamarans et planches à voile sillonnent les grands lacs de cette région. Le dimanche, lorsque les conditions météorologiques le permettent, les riverains du lac Memphrémagog sont témoins de parades spectaculaires de voiliers qui voguent vers le côté américain du lac – Newport (Vermont) – pour revenir en fin de journée.

Le matin, lorsque les vents sont absents, c'est aux amateurs de ski nautique de profiter de l'onde. Ce moment sublime, où la surface du lac s'apparente à un miroir, est idéal pour fendre l'eau. La multitude de lacs des Cantons-de-l'Est et leur accès facile favorisent la pratique de ce sport.

La pêche sportive est aussi des plus populaires. Les mordus s'affairent à pêcher les salmonidés dès la fin du mois d'avril mais, pour la très grande majorité des pêcheurs, l'été est le moment de prédilection. Les lacs, très poissonneux, offrent une bonne diversité d'espèces. On peut y capturer saumon atlantique d'eau douce (ouananiche), touladi (truite grise ou truite de lac), truite arc-en-ciel, truite mouchetée et truite brune. On y trouve également de belles populations d'achigans à petite bouche et d'achigans à grande

Détente au lac Spruce, au sommet du mont Sutton. Le Parc d'environnement naturel de Sutton (PENS) assure la protection des habitats naturels de la région.

Les fiducies foncières – les *land trusts* – reflètent le souci de conservation de l'environnement qui anime depuis toujours les résidants des Cantons-de-l'Est. Ces mouvements d'intendance de terres sont inspirés de modèles américains et se répandent au Canada et au Québec. Issues de la communauté, les fiducies veillent au développement harmonieux du territoire, tout en conservant l'intégrité des espaces naturels. À la différence des parcs, qui relèvent des gouvernements, les terres sont gérées par des sociétés privées. La majorité des fiducies foncières déjà formées au Québec sont établies dans les Cantons-de-l'Est : la fiducie foncière de la vallée Ruiter, la plus ancienne, celle du mont Pinacle et celle du marais d'Alderbrooke sont les plus importantes. Ces organismes, tout comme les Fondations pour la conservation du lac Brome et du mont Yamaska, le Parc d'environnement naturel de Sutton (PENS) ainsi que les Centres d'interprétation de la nature (mont Ham, marais de Katevale et Kingsbury, étangs du lac Boivin à Granby et Burbank à Danville) permettent des activités douces pour l'environnement et facilitent généralement l'accès aux randonneurs.

Crédits : Kitt Peak National Observatory (KPNO). Courtoisie du Parc du Mont-Mégantic.

Cette pouponnière d'étoiles est la célèbre nébuleuse Tête de cheval, située à plus de 1 500 années-lumière dans la constellation d'Orion. Il s'agit d'un nuage de gaz interstellaires beaucoup plus grand que notre système solaire, à l'intérieur duquel naissent les étoiles.

bouche, espèces très combatives et dont la chair est excellente.

Plein la vue et les oreilles

Les Cantons-de-l'Est se prêtent volontiers à l'émerveillement visuel qui ne se limite pas qu'au sol. En l'absence de pollution lumineuse et à cause de la pureté du ciel, le parc du Mont-Mégantic a été choisi pour l'implantation d'un observatoire astronomique. À plus de 1 105 m d'altitude, son télescope scrute les confins de l'univers. Le spectacle intergalactique suscite toujours un sentiment d'humilité. La manifestation de puissance de la nature bouleverse nos conceptions quant à notre place dans l'échafaudage de l'univers. Il nous rappelle sans cesse que les matières inertes et les organismes vivants qui constituent notre monde n'ont qu'une seule et même origine lointaine, la poussière d'étoile.

L'environnement champêtre étant propice à l'inspiration, les Cantons-de-l'Est comptent une multitude d'artistes dans différents domaines, et divers événements dans les régions de Sutton, Brome, Dunham, Marbleton, lac Mégantic et du lac Memphrémagog leur permettent de faire connaître leurs talents à la population. À ces occasions, il est possible de les rencontrer dans leur atelier et de se familiariser avec les techniques de création artistique.

En fin d'été, l'art descend dans la rue et choisit le paysage bucolique de Frelighsburg comme toile de fond. Les habitants du village cèdent leur parterre et leur galerie à une centaine d'artistes et artisans des Cantons-de-l'Est qui viennent y présenter leurs créations. Dans le décor enchanteur des maisons de style Nouvelle-Angleterre, les visiteurs ont le plaisir de découvrir plus de 3 000 œuvres d'art pictural. Ce

Encore pratiqué aujourd'hui, l'art de la courtepointe a fortement été influencé par les loyalistes. La région des Cantons-de-l'Est en possède de beaux spécimens.

moment privilégié permet à leurs auteurs de partager avec les amateurs d'art leur technique, leur cheminement et leur apprentissage.

Les Cantons-de-l'Est nous ravissent aussi par des concerts en plein air. Quoi de plus agréable que d'écouter des œuvres musicales de renom sur une pelouse aux abords d'un lac. Ce genre d'activité se tient tout au long de l'été et fait appel aux talents des artistes de la région.

De tout temps, la nature a inspiré poètes et artistes. À Saint-Venant-de-Paquette, mots et paysages se marient. Sous les auspices du chanteur québécois Richard Séguin, le sentier poétique offre un espace de silence intégré au paysage de ce charmant village. Des résidants, des horticulteurs, des artistes, des architectes, gens du milieu et d'ailleurs, se sont joints à lui pour créer ce sentier, un concept unique au Québec. Le lieu, aménagé au creux des collines, expose les plus belles poésies des Cantons-de-l'Est et du Québec. Les matériaux, comme le bois et la pierre, utilisés pour construire les jardins proviennent de la région.

Concert en plein air à Piopolis, en bordure du lac Mégantic.

« Les mots sont ma façon d'habiter le silence. »

Richard Séguin

Le jardin Alfred DesRochers à Saint-Venant-de-Paquette honore, en plus de cet illustre poète des Cantons-de-l'Est, d'autres poètes estriens comme sa fille Clémence DesRochers ainsi que Daniel Roy et France Boisvert.

L'AUTOMNE

Une saison colorée

« Les fruits sont mûrs dans les vergers
de mon pays.
Ça signifie, l'heure est venue,
si t'as compris...»

Félix Leclerc

Autant le printemps semble vouloir ne jamais s'achever, l'automne, lui, est toujours trop court. C'est la saison la plus colorée, voire enflammée par la richesse des tons qui peignent les vallées et les campagnes des Cantons-de-l'Est. Les matins frais, l'air rempli de l'odeur âcre des feuilles tombées et les journées qui raccourcissent sont tous des caractéristiques de l'automne. Certains oiseaux migrent vers le sud, la flore en est à son « âge d'or » et les mammifères font leurs dernières réserves d'énergie avant de passer à la prochaine saison ; une saison de quête alimentaire et de survie.

En bordure des routes ou dans la ligne de séparation des champs, les clôtures de perche rappellent l'influence de la Nouvelle-Angleterre dans l'organisation du territoire rural.

Depuis le solstice d'été, le 21 juin, la course du soleil dans le ciel se rapproche graduellement de l'horizon, mais c'est à partir de l'équinoxe d'automne, le 21 septembre, que manifestement la nuit dure plus longtemps que le jour. Libéré de l'humidité estivale, le ciel se fait plus lumineux. Cependant, avec les chaleurs qui se prolongent jusqu'en octobre dans les Cantons-de-l'Est, il est difficile de prévoir le début de l'automne. La fin, quant à elle, correspond dans l'esprit de la plupart des gens au moment où toutes les feuilles sont tombées et où une première neige vient les recouvrir.

Durant les deux premières semaines d'octobre, tout s'active pour accueillir les visiteurs qui sillonneront l'arrière-pays dans un décor féerique. La terre a livré ses récoltes. Fruits et légumes laissent présager le plaisir pour le palais. Dans les vignobles, on peut s'adonner à des visites guidées et à des dégustations de vins et de fromages. Chez les producteurs de pommes, on procède à la cueillette et à la transformation; tartes aux pommes, gelées et confitures seront au menu. La visite des vallées productrices prend l'allure de fêtes familiales. L'automne nous donne un regain d'énergie et une bonne raison de sortir avec nos proches et de prendre le temps d'apprécier les bons moments de la vie.

La flambée des couleurs

Plusieurs espèces de feuillus changent de coloration l'automne venu. Cependant, pour la beauté du spectacle, l'érable à sucre remporte la palme avec ses couleurs incendiaires qui varient du jaune au violet en passant par le rouge éclatant.

Le feuillage abondant de l'érable à sucre lui donne un air majestueux. C'est le plus gros des érables et il vit aussi plus longtemps, jusqu'à 250 ans. Il tolère l'ombre. Il peut atteindre de 30 m à 40 m de hauteur et jusqu'à 2 m de circonférence. L'érable à sucre est exclusif à l'Amérique du Nord. L'Est canadien en est le foyer principal et dans le sud du

L'étang Partridge Taylor, dans la région de Knowlton, nous offre une flambée des couleurs en bordure de l'eau.

Au mont Mégantic, le contraste entre la forêt de feuillus et celle de conifères est frappant, surtout lorsque les coloris d'automne soulignent cette démarcation.

Québec, les contreforts des Appalaches constituent son habitat de prédilection. Dépendamment du relief et de la latitude, il sera accompagné d'autres espèces, formant l'érablière à caryer dans les basses terres, l'érablière à tilleul jusqu'à 200 m d'altitude et l'érablière à bouleau jaune sur une élévation de 300 m à 750 m. L'érable rouge et l'érable argenté l'accompagnent parfois dans les bas et moyens reliefs.

Contrairement à la croyance populaire, la température n'est pas l'unique responsable du changement de coloris des feuilles. La chlorophylle procure la couleur verte et masque les autres pigments, orange et jaunes – les carotènes et les xanthophylle – présents dans les feuilles. Excitée par la lumière, la chlorophylle permet aux feuilles de fabriquer au printemps et à l'été la nourriture nécessaire à la croissance de l'arbre.

Avec la diminution d'éclairement à l'automne et la baisse des températures, le mécanisme de nutrition s'arrête graduellement. La disparition de la chlorophylle permet alors aux pigments jaunes et orange, plus stables, de se manifester.

On observe chez l'érable la présence d'un autre groupe de pigments, les antocyanes, qui s'accumulent dans les feuilles en leur donnant une coloration d'un rouge éclatant. Ces pigments peuvent aussi varier de couleur selon le degré d'acidité du sol. En milieu acide, ils seront d'un rouge vif alors qu'en milieu alcalin, ils deviendront plutôt violets. Ces pigments sont responsables de la couleur rouge de la pelure de la pomme et de la couleur violette du chou rouge. Le gel détruit les antocyanes qui seront remplacés par les phénols, d'un brun rouille.

Tunnel d'arbres d'une résidence privée de la région de Stanstead.

Une énergie vitale

L'automne sonne la fin de la récréation pour les cerfs de Virginie; la période léthargique de l'été fait place à d'intenses activités de reproduction et d'alimentation. Les faons perdent leurs tachetures et deviennent de jeunes adultes. Les mâles, souvent regroupés à la saison chaude, se séparent l'automne arrivé. Le niveau d'hormone sexuelle (testostérone) augmente chez les mâles. Le velours qui recouvrait leur panache tombe graduellement. Ils marquent leur territoire par des grattages au sol et des frottages sur les arbres. Ce comportement a pour but de faire connaître leur présence aux autres mâles dans le secteur; la hiérarchie et la dominance sociale s'établissent.

Cette saison de reproduction connaît son apogée vers la fin de novembre et peut s'étaler sur un peu plus d'un mois. Les mâles, polygames, sont à la recherche des femelles réceptives, c'est-à-dire en œstrus. Une biche n'accepte un mâle que pendant la période maximale de l'œstrus, qui ne dure que 24 heures. Si elle n'est pas fécondée, elle connaîtra un autre cycle œstrien, trois ou quatre semaines plus tard. Les cerfs, particulièrement les mâles, deviennent extrêmement actifs et ne prennent que très peu de repos. Ces derniers peuvent perdre ainsi jusqu'à 25 % de leur poids corporel et, avec la venue de l'hiver, cette pauvre condition physique leur est parfois fatale. Ils doivent par conséquent faire leurs réserves de graisse très rapidement. Pour cette raison,

L'étang Sally près de Bolton. La diversité du milieu nous offre des tableaux aux couleurs et textures spectaculaires.

les vergers de pommiers, très abondants dans les Cantons-de-l'Est, sont leur cible préférée pour faire le plein d'énergie avant l'hiver.

Le cerf de Virginie est pourvu de qualités sensorielles exceptionnelles. Parmi celles-ci, la perception du mouvement lui permet d'évaluer les risques potentiels dans son environnement.

La feuille de l'érable à sucre, figure depuis 1965 sur le drapeau canadien. Cependant, il arrive qu'on utilise à tort la feuille de l'érable argenté, plus découpée, comme emblème du Canada.

Pluie de pommes d'un pommier sauvage...

Des saveurs du terroir

Les Cantons-de-l'Est sont reconnus pour leur bonnes tables. On peut aussi y trouver d'excellents produits alimentaires propres à la région. À l'automne, les nombreux stands qui bordent les routes de campagne ainsi que les événements promouvant les produits du terroir sont nombreux et ne manquent pas de nous mettre l'eau à la bouche.

Le fruit de la fin des beaux jours

La pomme aurait été introduite en Europe par l'est, transportée dans les provisions des vagues humaines descendant de l'Asie occidentale. Les pépins étalés le long des chemins de pénétration ont donné naissance aux pommiers sauvages qui jalonnent encore les bosquets en Europe et qui donnent des fruits au goût acerbe. L'amélioration du fruit a été obtenue au fil des siècles par l'hybridation et la greffe.

En 1617, le premier pommier cultivé traverse l'océan Atlantique et Louis Hébert en plante dans les environs de Québec. Bientôt, chaque cultivateur de la colonie possédera son propre verger de pommier. En 1812, le premier centre de pomoculture du Québec voit le jour dans la communauté de Saint-Paul-d'Abotsford. À l'époque, l'une des plus populaires est la pomme Fameuse. Dès lors débute l'exploitation de pommiers à grande échelle et les premières entreprises commerciales apparaissent à la fin des années 1860.

Frelighsburg se distingue comme un des foyers de production et la pomoculture y devient avec les années une des premières sources de revenu de la région. La réglementation américaine limitant les importations de produits laitiers dans les années 1920 et le départ des jeunes fils d'agriculteurs anglophones vers les grandes villes ont incité plusieurs fermiers de la région à vendre leurs terres. Plusieurs Canadiens français, stimulés par l'agronome Paul

Omer Roy, prirent la relève et développèrent la pomoculture dans la région.

Environ 1 300 hectares sont aujourd'hui consacrés à la culture de la pomme dans les Cantons-de-l'Est. La région de Compton compte une dizaine de vergers, mais Frelighsburg et Dunham, dans la MRC de Brome-Missisquoi, se classent parmi les principales régions productrices de pommes au Québec, après celles de Rouville et du Haut Saint-Laurent. La culture de la pomme McIntosh est la plus importante avec environ 85 % de la production québécoise, bien que l'on tente de diversifier cette dernière avec d'autres variétés, telles les Lobo, Cortland, Empire, Délicieuse, Paulared, Jerseymac, etc. Environ 40 % des pommes du Québec servent à la fabrication de jus.

Quoi de plus agréable que d'aller cueillir ces fruits par une belle journée ensoleillée. L'autocueillette est fort populaire et les pomiculteurs des

Des pommes prêtes à croquer...

Durant les premières semaines d'octobre, les cris perçants des bernaches du Canada en vol de migration vers le sud annoncent l'approche de l'hiver.

Les pommes cueillies une à une sont transportées dans des sacs spéciaux pour être déversées dans des caisses en bois.

Les produits dérivés de la pomme sont nombreux et des plus savoureux.

Découverte de chanterelles à tube ! Un bon gueuleton en perspective.

Cantons-de-l'Est accueillent les visiteurs en leur proposant parfois des visites guidées et des activités d'interprétation pour adultes et tout-petits. On peut aussi se procurer des produits de transformation de la pomme tels que les gelées, les cidres raffinés et les fameuses tartes maison.

Le cidre est depuis longtemps fabriqué par les cultivateurs avec des installations sommaires. Sa fabrication ne fut légalisée qu'en 1971 et une douzaine de fabricants s'y adonnèrent. Même s'il se répandit rapidement, l'engouement pour le cidre ne persista pas car sa qualité demeurait inégale, pour ne pas dire médiocre. Cette industrie renaît en 1987 lorsque la fabrication artisanale du cidre est autorisée. Son excellente qualité a désormais regagné la faveur populaire. On peut maintenant le déguster et s'en procurer chez les producteurs de la région.

Les événements, comme la Fête du canard du lac Brome à Knowlton, sont bien orchestrés au grand plaisir des visiteurs.

Le canard en fête

Le canard du lac Brome, emblème du terroir de la région, mérite la grande fête annuelle qu'on lui consacre. Cet événement gastronomique est devenu un incontournable de l'agenda automnal des Cantons-de-l'Est. Les cuisiniers des bonnes tables de la région célèbrent ce volatile en l'apprêtant de diverses façons, pour le plaisir des palais. Une fête champêtre au charmant village de Knowlton rassemble les visiteurs autour de musiciens de la rue, peintres, sculpteurs et artisans. Activités d'animation, visite des boutiques et tour du village en chariot sont de la partie. Des étals en plein air permettent aussi de déguster ce plaisir des gourmets.

Aller au bois pour y cueillir...

Le plaisir de la cueillette des champignons sauvages ne réside-t-il pas dans la promenade en sous-bois, à l'air frais du matin ou après une bonne pluie ? Ces organismes fascinent par leurs formes parfois mystérieuses et par leurs couleurs féeriques. Les forêts âgées sont attrayantes pour les mycologues car la promenade est facilitée sous les arbres de grande taille. Les forêts de pruches, confinées au sud du Québec, offrent un bon potentiel fongique, surtout si elles cohabitent avec des feuillus comme le chêne ou le hêtre.

Quelque 20 000 espèces de champignons ont été recensées dans le monde, dont 3 000 à 5 000 gratifieraient le Québec de leurs beautés ou de leurs saveurs. Longtemps classés avec les végétaux, les champignons ont pourtant très peu de points en commun avec ces derniers. Par exemple, ils n'ont pas comme les plantes la propriété de synthétiser leur énergie à partir de celle du soleil. Ils décomposent la matière organique et sans leur présence, la nature serait encombrée de feuilles et de bois morts. On leur reconnaît maintenant leur propre règne, celui des *Fungi*.

Parmi les champignons sauvages du Québec, une cinquantaine d'espèces seraient comestibles. Certains recèlent des saveurs hautement appréciées par les fins gourmets et en plus de leur parfum, ils

Culture d'arbres de Noël dans la région d'East Hereford.

constituent pour l'organisme une source appréciable de protéines, de vitamines et de sels minéraux.

L'être humain consomme des champignons sauvages depuis la nuit des temps. Les connaissances transmises de génération en génération ont permis de les identifier et de les intégrer dans les habitudes de consommation. En doses subtiles, ils étaient utilisés par les tribus comme drogues hallucinogènes dans le cadre de rituels religieux. Encore aujourd'hui, on leur reconnaît des vertus médicinales. Dans l'Antiquité, leur apparition après la pluie ou l'orage tenait du mystère car ni fleur ni fruit n'était apparent. On croyait que la foudre en était la cause. Au Moyen Âge, les diableries étant toujours présentes dans l'imaginaire collectif, on en concluait que les champignons étaient l'œuvre de sorciers. Les alchimistes, y voyant la vie régénérée par le pourrissement, pensaient que les champignons détenaient le secret de la création. Quoi qu'il en soit, on sait de nos jours que l'humidité et la température sont des facteurs déterminants pour leur croissance.

Si plusieurs espèces de champignons s'avèrent de purs délices, d'autres par contre contiennent de violents poisons pouvant causer de douloureux malaises et même la mort. Certains cas d'empoisonnement sont même assez terrifiants! Même si moins de 10 % des espèces présentes chez nous sont toxiques, on ne doit pas s'adonner à la cueillette et à la consommation à l'aveuglette. Seules les connaissances et l'expérience permettent d'attester avec certitude qu'un spécimen est comestible. Il faut savoir apprécier les caractères distinctifs de chacun, comme la forme, la couleur du chapeau, la présence ou l'absence d'un anneau sur le pied, la couleur des spores, l'odeur de la chair, etc., afin de les identifier. Par prudence, le débutant devrait toujours obtenir les avis d'un mycologue expérimenté avant de consommer ses récoltes.

Des arbres bien cultivés

La culture d'arbres de Noël est une activité commerciale bien implantée dans les Cantons-de-l'Est. En effet, plus de 70 % de la superficie vouée à cette culture au Québec et plus de la moitié des producteurs s'y retrouvent. Encouragés par la proximité du marché américain, ceux-ci fournissent près des trois quarts des arbres de Noël du Québec. La majorité d'entre eux sont concentrés dans les MRC du Haut-Saint-François et du Granit,

En bordure du majestueux lac Memphrémagog, le mont Owl's Head offre une vue imprenable sur le paysage environnant.

et dans la portion sud de celle de Coaticook. On cultive surtout le sapin baumier, apprécié pour son odeur agréable, mais aussi le sapin Fraser. Au Québec, on vend chaque année environ 460 000 arbres de Noël cultivés et 126 000 sauvageons améliorés. On exporte 1 300 000 arbres de culture, principalement aux États-Unis, dans les Caraïbes, au Mexique et au Panama.

En sillonnant les routes de ces régions, on reste étonné de l'abondance de ces plantations en rangée bien ordonnées. Alors que la portion ouest de Cantons-de-l'Est charme par ses vastes étendues de cultures en mosaïque de couleur jaune et verte, cette partie méridionale du Québec, située en altitude, impressionne par ses coteaux verdoyants de petits conifères.

À L'AUTOMNE, LE CYCLOTOURISME PERMET DE DÉCOUVRIR DES SITES ENCHANTEURS.

Depuis les années 1850, les francs-maçons de la loge Golden Rule de Stanstead se rassemblent annuellement au sommet du Owl's Head.

Pétroglyphes gravés dans la pierre à Vale Perkins.

Partir à la découverte

Situé sur la rive du magnifique lac Memphrémagog, le mont Owl's Head offre un des panoramas les plus spectaculaires du Québec ! D'une hauteur de 754 m, Owl's Head possède l'un des dénivelés les plus élevés de l'Estrie. Accessible en toute saison, son sommet rocheux permet une vue de près de 360 degrés sur le lac et les vallées qui l'entourent.

Les Abénakis, qui vivaient à l'origine dans la vallée du Connecticut, s'établirent dans la région pour y chasser. Une légende veut que le mont Owl's Head ait été nommé ainsi pour honorer Owl, un vieux chef de tribu. Ces Amérindiens voyaient une ressemblance entre la courbe du sommet de la montagne et le profil du vieux chef au repos. Les autochtones venaient au sommet de la montagne pour effectuer leurs rituels.

Unis par le travail

En empruntant un petit sentier, on peut aussi accéder à la loge des francs-maçons, l'une des premières en plein air d'Amérique du Nord. La franc-maçonnerie, dont l'origine remonte au Moyen Âge, est le principal mouvement associatif dans les Cantons-de-l'Est. Elle s'est implantée au début de l'immigration américaine et les loges maçonniques se sont répandues dans toutes les villes de la région au cours de la deuxième moitié du XIXe siècle. Elles plaidaient en faveur de la séparation des Églises et de l'État et défendaient la liberté de pensée. En étaient des marchands, des éleveurs et des membres de professions libérales. La plus célèbre loge de franc-maçons, la Golden Rule Lodge, établie à Stanstead en 1821, réunissait plusieurs notables de l'endroit, dont le docteur M. F. Colby. Aujourd'hui encore, les franc-maçons prônent les œuvres de bienfaisance et l'éducation. Leur but est de travailler à l'amélioration morale et matérielle de l'humanité, et à son progrès intellectuel et social.

L'énigme des pierres

Dans le canton de Potton, d'étranges formations de pierres attirent l'attention du randonneur. Bien qu'on en trouve aussi près du mont Écho et à proximité de Sutton, le site White, près de Mansonville, est le plus impressionnant. Il contient plus d'une cinquantaine de monticules que l'on appelle des *cairns*. Ces pierres paraissent assemblées pour former des dômes, au sommet desquels trône un bloc de quartz. Certains indices archéologiques suggèrent que ces monticules ne sont pas des amas d'épierrage des champs des colons, mais plutôt des monuments construits avec des intentions rituelles, il y a 1 500 à 1 800 ans. Le mystère de leur origine et de leur signification demeure entier.

On observe également dans le canton de Potton de nombreux pétroglyphes, c'est-à-dire des lettres et des symboles gravés sur la surface des pierres. Le site Jones, à Vale Perkins, est le plus célèbre. La signification de ces empreintes demeure elle aussi inconnue et certains les associent à un campement régulièrement fréquenté par les Amérindiens. Il pourrait aussi s'agir d'une culture autochtone aujourd'hui disparue qui aurait conçu un système d'écriture. D'autres y voit des similitudes avec l'écriture *ogham* irlandaise datant du VIe ou du VIIe siècle. Les lettres et les dessins *ogham* furent jadis utilisés par les Celtes (1 500 ans avant Jésus-Christ).

Le cheval, un mammifère noble

Les résidants des Cantons-de-l'Est ont toujours accordé un statut de noblesse à ce merveilleux représentant des équidés. La pratique de l'équitation est omniprésente et semble gagner en popularité, et on rencontre fréquemment des cavaliers et leur monture en randonnée dans les campagnes, ou une calèche sur les routes de terre battue de l'arrière-pays. On peut aussi apprécier les capacités d'apprentissage et les aptitudes physiques de ce superbe animal lors des concours hippiques.

La chasse à courre, un grand déploiement

La chasse à courre, c'est-à-dire la poursuite d'animaux sauvages avec des chiens, est une activité séculaire. Au début du XIVe siècle, la chasse au renard était déjà très populaire en France, en Angleterre et en Italie. Elle n'était pas réservée qu'à des pays lointains. Au Canada, la première chasse à courre fut organisée en 1826 par le Montreal Hunt Club, le plus vieux club

Promenade familiale à Iron Hill, près de Bromont.

Le saut démontre bien l'harmonie particulière qui unit le cavalier et son cheval.

Selon l'étiquette très sévère de la chasse à courre, le piqueur (huntsman) rassemble les chiens avant de se lancer à la poursuite du renard dans les bois et à travers les champs.

du genre en Amérique du Nord. De nos jours, cette activité est bien implantée dans les Cantons-de-l'Est, car l'un des territoires de chasse de ce club est situé à Bromont, l'autre étant à Mirabel, au nord de Montréal.

La chasse à courre est un sport d'équipe qui demande une grande organisation. La meute est composée de 20 à 50 chiens de race spéciale, le foxhound, habituellement importé d'Angleterre. Les chevaux de type chasseur sont forts, calmes, bons sauteurs et surtout très résistants. C'est qu'une chasse à courre peut durer des heures et se dérouler sur un terrain irrégulier et accidenté.

Le départ de la course est solennel. Il est souvent accompagné d'une bénédiction des cavaliers, des chevaux et de la meute, et d'un traditionnel verre de sherry. Le piqueur (*huntsman*), qui mène la meute, rassemble les chiens et se dirige vers le boisé. Derrière lui, un groupe formé de 25 à 30 cavaliers s'organise selon un ordre prédéterminé : le maître d'équipage (*master*), suivi du maître de chasse (*field master*), qui dirige la

LA DILIGENCE

Les relais de diligence, espacés d'une vingtaine de milles, permettaient aux voyageurs de se restaurer et de changer de chevaux. Le flux régulier de voyageurs et les infrastructures nécessaires à l'hébergement et aux services ont permis à Stanstead, Georgeville, Knowlton's Landing, Dunkin, Ayer's Cliff, pour ne nommer que ceux-là, de connaître des heures de gloire.

Un premier service de diligence, assurant la liaison entre Québec et Boston vit le jour en 1811. Le trajet durait six jours! Mais les routes demeuraient de véritables bourbiers. Pendant plusieurs années, ce service ne fonctionna régulièrement que durant l'hiver, alors que routes et ruisseaux gelés permettaient d'y circuler.

Au cours des années1820-1830, l'état des routes s'améliore, ce qui favorise le développement de la poste et de plusieurs lignes de diligence à travers les Cantons-de-l'Est. En 1824, un service est établi entre Boston et Montréal. Pour gagner la vallée du Richelieu à partir de Stanstead, les diligences devaient traverser le lac Memphrémagog à Georgeville et gagner Knowlton's Landing. Pour ce faire, elles empruntaient le traversier à chevaux Copp, les chevaux marchant sur un plancher circulaire qui actionnait une roue à aubes. Les diligences poursuivaient ensuite leur périple à travers le col de Bolton et se dirigeaient vers le lac Brome et Cowansville, pour atteindre Saint-Jean-sur-Richelieu et finalement Montréal.

L'ORIGINE DU RELAIS LA DILIGENCE À DUNHAM, ANCIENNEMENT L'HÔTEL SEELEY, REMONTE AUX ANNÉES 1820. LA PORTE COCHÈRE PERMETTAIT AUX CHEVAUX ET AUX VOITURES D'ACCÉDER À LA COUR ARRIÈRE.

cohorte (*field*). Cette dernière est composée des chasseurs chevronnés précédant les novices, sans couleurs, et finalement des invités. Cet ordre doit être respecté tout au long de la chasse, la couleur des vestons reflétant le rang de chacun des participants. Aussitôt que la meute a trouvé une piste, le piqueur lance les chiens dans le couvert pour débusquer le renard. Les cavaliers, groupés derrière le maître d'équipage, attendent la sortie du renard pour s'élancer à leur tour. À la suite de la meute, dans un terrain accidenté, les cavaliers devront franchir toute une variété d'obstacles naturels : barrières, murets de pierres, ruisseaux, troncs d'arbres morts. La durée de la course dépendra du flair des chiens et de la finesse du renard...

La chasse est clôturée par le traditionnel *breakfast*.

LA CHASSE, RENOUER AVEC LA NATURE

La chasse au cerf de Virginie fait partie des traditions québécoises depuis la venue de Jacques Cartier, et elle entraîne des retombées économiques intéressantes

Il y a plusieurs méthodes de chasse. La « chasse fine » demeure celle qui oppose directement le chasseur à son gibier; il doit déjouer la vigilance légendaire de l'animal.

pour l'ensemble du Québec. En effet, les Québécois dépensent annuellement près de 70 millions de dollars pour la chasse au cerf uniquement, et près de 120 000 amateurs s'y adonnent. De ce nombre, près du tiers chassent dans les Cantons-de-l'Est, et pour cause. Les hivers cléments de cette région ont favorisé l'augmentation du cheptel au cours des années 1990, à un point tel que dix ans plus tard certains secteurs sont aux prises avec des problèmes de surbroutage et avec une augmentation notable d'accidents de voiture causés par la présence de chevreuils sur la route.

La chasse sportive constitue un des outils de gestion utilisés pour maintenir les populations de cerfs de Virginie à un niveau acceptable. En plus des retombées économiques intéressantes qu'elle procure, la chasse au cerf est une activité sportive exigeante qui nécessite des préparatifs particuliers, par exemple, la connaissance du territoire. Le cerf est un animal rapide, imprévisible en situation périlleuse, et il est doué de qualités olfactives et auditives surprenantes. Pour ces raisons, la chasse au cerf de Virginie représente un défi qui rend l'homme, dans les situations d'échec, très humble devant cet animal futé.

Une chasse fructueuse est synonyme de festin. La chair exceptionnelle et les abats du chevreuil agrémentent copieusement des soirées bien arrosées de vin et meublées d'histoires...

Les grandes étendues d'eau ont toujours alimenté l'imaginaire. Une des légendes entourant le lac Memphrémagog raconte qu'une créature habiterait les grandes profondeurs au pied du mont Owl's Head. C'est pourquoi les Amérindiens craignaient de s'y baigner.

La fusée à Bolton Sud est un point de repère bien connu dans la région. Pointée dans la direction de Jay Peak, elle servit de panneau publicitaire pour ce centre de ski.

L'HIVER

ou l'art de s'adapter

«Il faut toujours un hiver pour bercer un printemps.»

Anonyme

Contrairement au printemps qui s'installe tardivement, l'hiver s'annonce avec ses premières neiges qui saupoudrent le sol au cours des nuits froides de la fin octobre. Avec son début précoce et des précipitations tardives qui surprennent tous les ans, c'est de loin la plus longue saisons avec une durée moyenne variant de 120 à 160 jours.

L'ÉPREUVE DU FROID

Les basses températures jumelées au facteur de refroidissement éolien ainsi que les précipitations de toute sorte imposent des contraintes pour la nature et l'homme. Malgré cette apparence d'enfer blanc, l'hiver demeure pour plusieurs une saison de prédilection ; mais encore faut-il prendre les moyens pour s'y adapter.

Naguère un mode de déplacement laborieux, la raquette s'est améliorée et permet aujourd'hui d'accéder facilement au cœur de la nature hivernale. Les nuitées en pleine forêt s'avèrent une expérience inoubliable.

Au sommet du mont Mégantic, l'altitude impose à la végétation des conditions extrêmes de froidure et de vent. Les conifères y prennent l'apparence de bonsaï.

Une curiosité de la nature… À cause de sa densité plus faible que celle de l'eau à l'état liquide, la glace flotte ! Si ce phénomène n'existait pas, les lacs et les rivières gèleraient sur toute leur épaisseur, de la surface jusqu'au fond. La vie aquatique survivrait difficilement aux hivers rigoureux de nos latitudes.

Les pistes dans la neige indiquent que même en hiver, les pommes sont toujours convoitées par les cerfs de Virginie.

Croître malgré l'adversité

Par son altitude, le mont Mégantic domine le plateau appalachien et, de son sommet, il offre un point de vue spectaculaire. La faune et la flore établies sur ses versants et son sommet ont dû s'adapter aux rigueurs du climat. On y observe le phénomène d'étagement des peuplements forestiers selon l'altitude : l'érablière à bouleau jaune se trouve à la base, la sapinière à bouleau jaune à mi-pente et la sapinière à oxalide de montagne sur les sommets, exposée à des conditions climatiques très rudes. Au pied du mont, les températures hivernales sont habituellement clémentes (– 20 °C), alors qu'au sommet, les vents atteignent fréquemment 65 km/h et le refroidissement peut être de l'ordre de – 90 °C avec le facteur éolien. On trouve donc au pied du mont Mégantic des érablières typiques du sud du Québec et, à peine 500 m plus haut, une forêt de conifères semblable à celle du Grand Nord québécois !

Répandu dans le sud du Québec, le hêtre (*Fagus grandifolia*) est remarquable par l'extrême ténacité de ses feuilles, surtout chez les jeunes arbres. Les feuilles séchées retenues aux branches tout l'hiver protègent ainsi les bourgeons. On remarque facilement le hêtre au cours d'une sortie en ski de fond ou en raquette. Son tronc gris et ses feuilles, toutes desséchées et d'une couleur jaunâtre, nous permettent d'évaluer l'abondance de cette essence dans la forêt.

Les baies rouge vif de la viorne trilobée, communément appelée pimbina, ont une saveur semblable à celle des canneberges. Elles font les délices des oiseaux d'hiver tels les geais bleus, les mésanges à tête noire et les sittelles à poitrine blanche.

Le temps de la disette

L'hiver, par ses basses températures et une photopériode écourtée, impose à la végétation un état de dormance. Pour les espèces animales qui n'hibernent pas, c'est une période éprouvante sur le plan de la quête de nourriture. Dans les Cantons-de-l'Est, les pommiers encore nantis de quelques fruits séduisent les chevreuils et même les écureuils. Lorsque le couvert de neige offre une capacité de support adéquate, les chevreuils se dressent sur leurs pattes arrière pour aller cueillir des pommes à plus de deux mètres du sol, une hauteur qui leur est inaccessible à l'automne. À l'aube et au crépuscule, il n'est pas rare de voir ces cervidés circuler entre les rangées de pommiers pour y trouver quelques délices à croquer.

L'hiver est critique pour la survie du cerf de Virginie. Les grands froids, l'épaisseur de la neige et la diminution des ressources alimentaires sont les principaux facteurs déterminant la survie ou la mort de cet animal. Il est généralement admis qu'à partir d'une épaisseur de 50 cm, la neige constitue une entrave sérieuse au déplacement du cerf, ce qui l'oblige à se confiner dans ses aires d'hivernage, appelées ravages. Ces derniers se trouvent dans les forêts densément peuplées de conifères et les cerfs s'y déplacent grâce à un réseau de sentiers. Ce comportement de regroupement chez le cerf est un méca-

Toujours en état d'alerte face au moindre intrus !

Les hivers cléments jumelés à une bonne alimentation permettent à certaines femelles d'avoir deux faons par saison.

nisme d'adaptation pour conserver son énergie et pour se protéger des prédateurs tel le coyote. Les cerfs de Virginie retournent aux mêmes ravages année après année. Lorsque les hivers se font moins rigoureux et que l'épaisseur de la neige est plus faible, ils fréquentent occasionnellement leurs quartiers d'été, là où la nourriture est plus diversifiée et plus riche en éléments nutritifs.

Au cours de l'hiver, le cerf doit puiser dans ses réserves de graisse et la perte de poids peut atteindre 30 %. Des taux de mortalité excédant 40 % ont déjà été mesurés au Québec au cours d'hivers très rigoureux, même en l'absence de prédateurs. Heureusement, le Québec a connu des hivers relativement doux au cours des années 1990 et, avec un faible taux de mortalité naturelle hivernale, les populations de cerfs dans les Cantons-de-l'Est ont non seulement connu un essor, mais atteint des niveaux records.

Pour apprécier l'hiver...

Pour plusieurs d'entre nous, l'hiver est perçu comme un fléau et les raisons de rester à l'intérieur ou de fuir vers des latitudes plus clémentes sont faciles à invoquer. Toutefois, ces conditions climatiques hostiles font justement tout le charme de cette saison qui se démarque tant des autres. On ne peut rester impassible devant la beauté des décors ouatés, les tourbillons de neige soulevés par une tempête ou encore les champs de glace qu'éclaire une lumière bien propre à cette saison. Le froid et le vent exigent des ajustements vestimentaires propres aux activités que l'on veut pratiquer. La meilleure façon d'apprécier l'hiver, c'est d'aller jouer dehors...

Par monts et vallées

La région des Cantons-de-l'Est est une destination d'hiver par excellence au Québec. Les skieurs et les planchistes, qu'ils soient débutants ou experts, trouvent leur compte dans les diverses stations de la région. Par leur situation géographique, les massifs montagneux confèrent aux stations de ski d'excellentes conditions d'enneigement.

La pratique du ski de randonnée et de la raquette demeure très populaire dans cette région du Québec. Grâce à la diversité du relief, ces activités dites silencieuses permettent d'accéder à des points de vue et à des paysages saisissants. Des milliers de kilomètres de pistes balisées se prêtent à des randonnées de longueur et de difficulté variables. De plus, les hivers plus cléments du sud du Québec permettent de pratiquer ces activités dans des conditions plus confortables.

Les Cantons-de-l'Est comptent plus d'une vingtaine d'endroits où le ski de fond et la raquette sont à l'honneur. Le Parc du Mont-Mégantic offre la possibilité de pratiquer ces activités en prévoyant des nuitées en montagne, à l'intérieur de refuges bien aménagés. L'ASTROLab, de réputation mondiale, vous amènera au septième ciel pour y découvrir la multitude d'étoiles qu'il est impossible d'observer à partir de la ville.

Les sports de glisse peuvent aussi être pratiqués sans gravité. Ils flirtent d'ailleurs avec le dieu Éole au Québec, en particulier dans les Cantons-de-l'Est. Les skieurs et planchistes font appel à la puissance du cerf-volant à traction pour atteindre des vitesses de pointe impressionnantes. Les lacs Memphrémagog et Boivin se prêtent merveilleusement bien à l'exercice, considéré par certains comme un sport extrême car il est très exigeant sur le plan physique.

Les sous-bois de la station du mont Sutton offrent un défi inégalé aux skieurs.

Les balades en traîneaux

Les forêts des Cantons-de-l'Est se prêtent bien aux balades en traîneaux tirés par des chiens ou des chevaux sur des sentiers balisés.

Depuis le début des années 1990, le Grand Convoi rassemble, à Saint-Élie-d'Orford, les adeptes de cette activité. Ce défilé, long d'un kilomètre et demi, est composé d'environ 300 amateurs de chevaux répartis en quelque 75 groupes (25 grands traîneaux et une cinquantaine d'attelages légers). Une trentaine de cavaliers accompagnent le cortège. Ils suivent des sentiers balisés et entretenus dans un décor enchanteur aux abords du mont Orford. Le parcours s'étale sur environ 30 km et la balade dure toute la journée. L'organisation prévoit des arrêts réguliers le long du parcours (pause foin-avoine), dont un arrêt en forêt où l'on sert soupe chaude et café dans un chalet en bois rond.

Tout le monde peut participer au Grand Convoi en s'installant à bord des différentes carrioles. C'est un plaisir familial où l'odeur des chevaux se mêle à celle des cuirs bien astiqués. Les traditionnelles peaux d'ours et les couvertures étalées sur les banquettes procurent une chaleur bienfaisante. La diversité des attelages est de mise avec des chevaux canadiens, des quater-horses, des pur-sang arabes et quelques *appaloosas.* On peut même y voir des attelages imposants composés de percherons et de chevaux belges, très populaires dans cette région du Québec.

La quête de sapins de Noël en traîneau gagne aussi en popularité. Tirée par un attelage de deux ou quatre chevaux, la famille se dirige allègrement en traîneau vers le boisé pour choisir et couper un sapin qui ornera la maison durant la période des fêtes. L'ambiance est aux réjouissances et les chansons à

Instant magique.

Balade en carriole à la tombée du jour, dans les environs de Sutton. Quelle excellente occasion de se retrouver entre amis !

Ci-contre
Randonnée familiale de ski de fond au mont Mégantic.

Autrefois consacré au travail, le cheval est devenu un compagnon de loisirs.

La pêche blanche permet de partager de bons moments avec ses proches.
Les brimbales artisanales sont toutes plus originales les unes que les autres.

répondre ne manquent pas. Emmitouflés jusqu'aux oreilles dans une épaisse couverture de laine ou dans une fourrure, les joyeux passagers se dirigent vers la sapinière.

Une fois sur les lieux, c'est la quête du sapin de ses rêves. Une courte prospection permet de trouver l'arbre idéal, qui sera coupé selon la méthode traditionnelle, c'est-à-dire à l'égoïne. Le sapin est monté à bord et c'est le retour à la maison. Mission accomplie.

CI-CONTRE
Le Grand convoi. Spectacle insusité que ce convoi d'attelages parcourant la forêt mixte et les marais gelés des Cantons-de-l'Est. Ils rappellent les *sleighs* qu'utilisaient autrefois les notables pour aller à la messe du dimanche.

La tradition du sapin de Noël vient d'Europe du Nord, où les conifères étaient les seuls arbres à feuillage persistant. C'est au XVIIe siècle que le sapin fut associé à la fête de la nativité du Christ.

La pêche blanche

Dans les Cantons-de-l'Est, la pêche sur la glace est fort populaire. C'est un loisir peu onéreux, requérant un minimum d'équipement, et qui est fort agréable à pratiquer en famille ou entre amis. De nombreux tournois de fin de semaine prennent l'allure d'un grand rassemblement où règne une ambiance de fête. Tôt le matin, les pêcheurs envahissent la glace des lacs, facilement accessibles, avec leur équipement : seau, brimbales et tarière à glace. Ils s'installent et, de loin, semblent s'immobiliser. En y regardant de plus près, on constate qu'ils taquinent la perchaude à la dandinette, à l'aide d'une petite canne à pêche spéciale, tout en surveillant leurs brimbales du coin de l'œil.

La motoneige, un sport grisant.

Un sport bien de chez nous !

C'est à Valcourt, capitale mondiale de la motoneige, qu'est né son inventeur, Joseph-Armand Bombardier. On compte dans les Cantons-de-l'Est plus de 2 000 km de sentiers balisés sillonnant les plus beaux coins de la région. Les motoneigistes ont le loisir d'effectuer de courtes randonnées ou, pour les plus aventureux, de parcourir de grandes distances, en prévoyant des arrêts dans des lieux d'hébergements adaptés à la pratique de cette activité.

Pour les amateurs de sensations fortes, le sport de la motoneige est à son meilleur au Grand Prix de Valcourt. Cet événement majeur se tient chaque année et accueille des participants amateurs et professionnels de tous les coins de l'Amérique du Nord. Il a été cinq fois lauréat du Grand Prix du tourisme dans les Cantons-de-l'Est. La technologie a beaucoup évolué, certes, mais c'est au chapitre de l'habileté de

Verger de la région de Frelighsburg. En arrière-plan, le mont Pinacle.

conduite des motoneigistes que l'émerveillement atteint son paroxysme, notamment dans l'épreuve de *cross* où ils volent littéralement dans les airs avec leur puissant bolide. Tout un spectacle !

La nuit la plus longue…

Depuis la nuit des temps, les événements ponctuant le temps – cycle lunaire, équinoxe ou solstice marquant les saisons – ont influencé la vie quotidienne des gens. Ces éléments chargés de sens ont constitué des symboles sacrés des religions anciennes. On suivait attentivement la course du soleil dans le ciel, car de lui dépendaient l'abondance des récoltes, la nourriture et le bien-être de tous.

Les solstices d'été et d'hiver correspondent à des points précis de l'orbite du Soleil et marquent la perpétuelle alternance entre le jour et la nuit. Dans les temps anciens, ils donnaient lieu à des rites de vénération et de sacrifice. C'est au solstice d'hiver, marqué par la nuit la plus longue de l'année, qu'on accorda le plus d'importance dans l'histoire. Vers le 22 décembre, les jours commençant à rallonger et le soleil remontant graduellement sur l'horizon, on célébrait la victoire de la lumière sur les ténèbres.

Ces fêtes existaient bien avant l'arrivée du christianisme. Elles redonnaient espoir au peuple effrayé par les sols gelés, l'absence de vie et l'obscurité. Le feu et la lumière jouaient un rôle important dans les cérémonies rituelles. La bûche dans nos cheminées, apportant chaleur et lumière, est associée à la fête du feu et relève donc d'une très ancienne tradition. Aujourd'hui, cette coutume se manifeste aussi par la bûche du pâtissier.

Dans la région de Brome-Missisquoi, on peut remarquer cette maison d'architecture néoclassique, typique de la Nouvelle-Angleterre.

La façade de cette maison à loggia rappelle l'architecture de la Grèce antique. Elle est délimitée par quatre colonnes supportant la galerie.

L'Église catholique récupéra cette tradition en remplaçant la fête profane du solstice d'hiver par celle de la nativité du Christ. Pour ce faire, la fête de la naissance du Messie, célébrée jusqu'au IVe siècle le 6 janvier, fut transférée au 25 décembre.

Dans le canton de Potton, de mystérieux vestiges de pierre pourraient, selon certains, témoigner de la vaste connaissance en astronomie des peuples qui nous ont précédés. Le site est doté d'une grande terrasse et plusieurs fondations de pierre portent des gravures coïncidant avec l'orientation du lever du soleil au solstice d'hiver.

Un reflet du patrimoine

L'architecture des maisons des Cantons-de-l'Est a été largement influencée par la tradition anglo-saxonne. Elle s'est implantée chez nous à l'occasion de la migration des colons loyalistes fuyant la Nouvelle-Angleterre et des Américains. Plus tard, au cours du XIXe siècle, les revues d'architecture publiées à Boston populariseront les modèles de l'époque victorienne.

Les classiques

L'influence classique dans l'architecture anglaise s'est manifestée à partir du début du XIXe siècle. La maison de style néoclassique se reconnaît par la symétrie des ouvertures, les fenêtres à guillotine bien typiques et le toit à deux versants droits. La maison vernaculaire peut être accompagnée de décorations, comme des colonnes néogrecques pour soutenir le porche ou la galerie ou encore un fronton triangulaire sur la façade.

Le petit porche à l'étage surmonté d'un arc gracieux fait l'originalité de la maison à loggia. La façade, comprenant la porte principale, occupe le mur-pignon. Les colons de la vallée de la rivière Connecticut, entre le Vermont et le New Hampshire, importèrent ce concept architectural dans la région entre 1830 et 1860. Les Cantons-de-l'Est comptent quelques-unes de ces maisons, notamment dans le Haut-Saint-François et dans Brome-Missisquoi. On en trouve également dans le Vermont, le New Hampshire et le Maine.

À DUNHAM, CETTE CHARMANTE MAISON DE STYLE NÉOGOTHIQUE AFFICHE SA LUCARNE-PIGNON EN FAÇADE.

LES VICTORIENNES

La période victorienne débute vers les années 1830 et se termine au début du XXe siècle. Dans les Cantons-de-l'Est, cette époque a marqué la construction résidentielle par des réalisations spectaculaires.

La maison de style néogothique s'inspire de l'architecture du Moyen Âge. Elle emprunte couramment la forme d'un cottage surmonté d'un toit à deux versants. La façade comporte une grande lucarne-pignon, typique du style, et des motifs de bois ornent parfois les corniches. Peu répandue au Québec, on l'observe là où la présence anglophone a été importante.

L'époque de la Renaissance a également inspiré l'architecture du XIXe siècle à travers le style néo-italien.

MAGNIFIQUE RÉSIDENCE DE STYLE NÉO-ITALIEN, À STANSTEAD.

Maison Nesbitt à Cowansville datant de 1881. De grands édifices publics et des résidences cossues de cette époque ont adopté le style français Second Empire.

La maison Tartre, édifiée en 1907, à Sutton, représente bien le style néo-Queen Anne.

Le plan de la maison est irrégulier et les fenêtres, habituellement hautes et étroites, sont souvent couronnées d'un arc semi-circulaire. De nombreuses consoles ornent le dessous des corniches.

À partir de la seconde moitié du XIXe siècle, le style Second Empire français se répandra partout au Québec et apparaîtra aussi dans le paysage des Cantons-de-l'Est. De modestes résidences et des maisons bourgeoises adopteront ce style de forme plutôt carrée, à un ou deux étages. Il se reconnaît par son toit brisé sur deux ou quatre versants, appelé aussi toit « à la Mansart », qui comporte deux pentes successives, le terrasson et le brisis. Le toit brisé procure plus d'espace que le toit à deux versants en dégageant les combles pour en faire un véritable étage.

La reine Anne Stuart, qui régna sur l'Empire britannique au début du XVIIIe siècle est à l'origine du style néo-Queen Anne. Répandu dans toute l'Amérique, ce style sera très en vogue au Québec vers la fin du XIXe siècle, notamment dans les Cantons-de-l'Est, là où s'est concentrée la population anglo-saxonne, après l'arrivée massive des Canadiens français. On le rencontre fréquemment dans les lieux de villégiature.

Le plan de la maison néo-Queen Anne est asymétrique et le toit, de forme irrégulière. Ce style permet une grande diversité de textures des matériaux et de décors de menuiserie. Les tours circulaires, surmontées de toits coniques, rappellent les châteaux de la Loire. Des porches et de grandes galeries sur un ou deux côtés entourent la maison. Enfin, on utilise simultanément du clin de bois et du bardeau décoratif pour le revêtement des murs ou des pignons.

Somptueux décor de Noël d'une maison de style Second Empire, dans le village d'Abercorn.

Remerciements

Cet ouvrage n'aurait pu voir le jour sans l'aide des nombreux collaborateurs pour le travail de recherche, de documentation, de validation et de campagne de photographies.

Notre travail a été grandement facilité grâce à l'appui de l'Association touristique des Cantons-de-l'Est (ATR), notamment le soutien et l'enthousiasme de son directeur, monsieur Alain Larouche, et les judicieux conseils de madame Danielle Ouellette. Leur collaboration a été grandement appréciée.

Monsieur Jean-Pierre Kesteman, professeur au Département d'histoire de l'Université de Sherbrooke, s'est révélé une référence incontournable. Ses ouvrages, documents, conférences et avis ont été une source intarissable d'inspiration et nous ont permis de mettre en valeur, par les mots et les images, le patrimoine et l'héritage historique des Cantons.

Sur le plan environnemental, nous adressons des remerciements particuliers à madame Louise Gratton, écologiste professionnelle résidant dans la région de Sutton. Ses compétences reconnues en écologie végétale nous ont permis notamment de circonscrire quelques essences spécifiques aux Cantons-de-l'Est.

Merci également au personnel du Parc du Mont-Mégantic, dont monsieur Pierre Goulet, directeur, madame Marie-George Bélanger, responsable du service à la clientèle, et monsieur Sébastien Giguère, coordonnateur scientifique, pour leur dévouement et leur précieuse assistance, de même qu'à monsieur Daniel Cadieux, responsable du plein air, pour son travail d'organisation.

Nous voulons exprimer notre gratitude à madame Nathalie Arcand, de Statistique Canada, à messieurs Patrick Chalifour et Yvon Pesant, du ministère de l'Agriculture, des Pêcheries et de l'Alimentation du Québec (MAPAQ), à madame Heather A. Darch, du Musée Missisquoi, à monsieur Jean-Jacques Dubois (technicien de la faune), ainsi qu'à messieurs Pierre Lévesque et Bernard Bergeron (biologistes) de la Société de la faune et des parcs du Québec (FAPAQ) de la région de Sherbrooke.

Nous remercions également monsieur Jean Gaudet (Tour des Arts) de Sutton, madame Patricia Kelly (Les Jardins O'Kelly à Sutton), monsieur Gérard Leduc, président de l'Association du Patrimoine de Potton, madame Terri Monahan, directrice générale de la fiducie foncière de la Vallée Ruiter, monsieur Antoine Moussette, biologiste au Parc d'environnement naturel de Sutton (PENS), madame Monique Nadeau-Saumier, du musée Colby-Curtis, et monsieur Claude Neveu, président du comité Patrimoine, Art et Culture de Brigham, pour les informations qu'ils nous ont fournies.

Pour avoir facilité le travail photographique d'événements ou d'activités bien ancrés dans le calendrier des Cantons-de-l'Est, nous tenons à exprimer notre reconnaissance à madame Manon Aubé (Grand Prix de motoneige) à Valcourt, monsieur Laurent Biron (Un printemps en musique) à North Hatley, monsieur Daniel Collard (Traversée internationale du lac Memphrémagog), monsieur Roger Deslauriers, du Centre équestre de Bromont, Dr André Dupuy (grange ronde à Saint-Benoît-du-Lac), monsieur Pierre Genesse et madame Marie-Claude Lizotte, du vignoble Les Blancs Coteaux, monsieur Pierre Giroux (grange ronde à Mansonville), monsieur Patrick Hall (Grand Convoi), à Saint-Élie-d'Orford, madame Nadège Marion, du vignoble Les Trois Clochers, monsieur Jacques Pellerin (La Clé des champs) à Dunham, messieurs Louis Poulin et Jean Doyon, du verger Le Gros Pierre, madame Sylvie Rémillard et monsieur Donald Dupuis (récolte d'arbres de Noël), de Bromont, monsieur Ian Westover, de la ferme Westina (balade en cariole) à Sutton, ainsi que les centres de ski des monts Bromont, Orford, Owl's Head et Sutton.

Nous espérons que tous trouveront une gratification dans ce livre.

Bibliographie

Agence de mise en valeur de la forêt privée de l'Estrie. *La protection et la mise en valeur des forêts privées de l'Estrie*. Ministère des Ressources naturelles, Québec.

Ansseau, Collette et Hélène Bernier. « Caractéristiques de l'érable à sucre », dans *L'érable à sucre. Caractéristiques, écologie et aménagement*. Ressources naturelles Canada. Service canadien des Forêts, ministère des Ressources naturelles du Québec et ministère de l'Agriculture, des Pêcheries et de l'Alimentation du Québec, 1995.

Assemblée de concertation et de développement de l'Estrie (ACDE). *Carte géologique routière du sud-est du Québec*, 1991.

Association des restaurateurs des cabanes à sucre du Québec. *Les sucres au Québec. Acériculture. De la sève au sirop d'érable*. Guide annuel 2000.

Association du patrimoine de Potton inc. *Potton Hier et aujourd'hui*. Notre *patrimoine, témoin du passé*, 1993.

Association du patrimoine de Potton inc. et Municipalité du Canton de Potton. *Cyclo-route Potton. Circuit patrimonial*. Feuillet d'information, 1995.

Association touristique régionale (ATR) des Cantons-de-l'Est. *Guide touristique officiel*. Année 2001-2002.

Au pays du granit. Mégantic : pieds sur terre, tête dans les étoiles, Espace. Été 1999.

Bellavance, Marcel. *Un village en mutation : Compton, Québec, 1880-1920*. Parcs Canada, 1982.

Béraud, Huguette et Thierry Debeur. *En se promenant sur la route des vignobles du Québec*. Les éditions Thierry Debeur,1995.

Bergeron, Claude. *L'architecture des églises du Québec 1940-1985*. Les Presses de l'Université Laval, 1987.

Bertrand, Annick. « La physiologie de l'érable à sucre et le phénomène de la coulée », dans *L'acériculture au Québec*. Association professionnelle des géographes du Québec et Association des professeurs de géographie du Québec. Revue *Géographes*, mars 1995.

Bertrand, Annick, « La physiologie de l'érable à sucre », dans *L'Érable à sucre. Caractéristiques, écologie et aménagement*. Ressources naturelles Canada. Service canadien des Forêts, ministère des Ressources naturelles du Québec et ministère de l'Agriculture, des Pêcheries et de l'Alimentation du Québec, 1995.

Booth, J. Dereck. *Les Cantons de la Saint-François*. Musée McCord, Université McGill, 1984.

Boudreault, Michel. *Guide pratique des plantes médicinales du Québec*. Éditions Broquet,1983.

Briscoe, Susan. « Masonry : A Profession with a Past », *Le Tour*, Vol. 18, N° 3, printemps 2001.

Bureau touristique de Mansonville. Feuillet d'information sur Knowlton Landing.

Cazelais, Normand. « Pour se sucrer le bec », *Le Devoir*, 16 mars 2001.

Centre d'information de Stanstead. *Bienvenue à... Welcome to... Stanstead*. Municipalité de Stanstead, 1998.

Centre local de développement du Haut-Saint-François, Tourisme et culture. *Le Haut-Saint-François 2001-2002*. Trois circuits « découverte ». Discover the past, present and « futur »... hors des sentiers battus ! ...all off the beaten « tracks » !

Chouinard,Yvan et Lise Fournier. « Fromagers traditionnels à Richmond », dans *La vie quotidienne au Québec : Histoire, métiers, techniques et traditions*, sous la direction de René Bouchard. Les Presses de l'Université du Québec, 1983.

Circuit patrimonial Sutton et Musée des communications et d'histoire de Sutton. Feuillet d'information et panneaux d'interprétation.

Clusiau, Éric. *Des toits sur nos rivières : Les ponts couverts de l'est du Canada*. Éditions HMH, 2000.

Comité culturel de la MRC Memphrémagog. *Sur la route des diligences : À la découverte de la MRC Memphrémagog*, 2001.

Comité culturel de la MRC de Memphrémagog. *La MRC Memphrémagog : Une région qui se distingue*, 1993.

Commission de toponymie du Québec. *Noms et lieux de Québec. Dictionnaire illustré*. Les Publications du Québec, 1996.

Conseil municipal de Frelighsburg. *Frelighsburg,... une brève histoire*.

Coulombe, Daniel et Manon Thibault. *Histoire du patrimoine de Coaticook*, tome 1. Ville de Coaticook, 1996.

Croteau, André. *L'érablière et sa cabane. Les quatre saisons*. Éditions du Trécarré, 1997.

Darch, Heather A., Musée Missisquoi : « A History carved in Stone. » *Le Tour*, Vol. 18, N° 3. Printemps 2001.

Darrah, Leon J. « Early Mining in Brome County », *Yesterdays of Brome County*, Vol. 3, 1977.

Delanoe, Georges. « *La Chasse à courre, un sport qui remonte au XIVe siècle* ». *La revue hippique*. Vol. 2, N° 1, janvier-février 1972.

Direction générale de l'Exploration géologique et minérale. Ministère de l'Énergie et des Ressources du Québec. *Carte géotouristique. Géologie du sud du Québec, du Bas-Saint-Laurent et de la Gaspésie*. Les publications du Québec, 1991.

Dooley, Michael. « En paysagement. La pierre est de rigueur ». *Le Tour*, Vol. 18, N° 3, printemps 2001.

Dorion, Jacques. *Le Québec en 101 saveurs*. Éditions du Trécarré, 2001.

Dorion, Jacques. *Un dimanche à la campagne*. Éditions du Trécarré, 1999.

Dorion, Jacques. *Saveurs des campagnes du Québec : La route des délices du terroir*. Les Éditions de l'Homme, 1997.

Dubé, C. (éditeur) et M. Hocq (coordonnateur). *Géologie du Québec*. Les Publications du Québec, 1994.

Dupont, Jean-Claude. *Le repos à la croix. Coutumes et superstitions*. Éditions Jean-Claude Dupont, 1993.

EATON CORNER. Panneaux d'interprétation.

Entrevue radiophonique avec Jean-Pierre KESTEMAN. Société Radio-Canada 101,1. 14 novembre 2000.

ENVIRONNEMENT CANADA. *L'eau travaille pour nous*. Écocivisme. Collection « Eau douce ». Ministère des Approvisionnements et Services, Canada, 1993.

ENVIRONNEMENT CANADA. *L'eau, cette magicienne de la nature*. Fiche d'information. Ministère des Approvisionnements et Services, Canada, 1990.

FLEURBEC. *Fougères, prêles et lycopodes*, 1993.

FLEURBEC. *Plantes sauvages des lacs, rivières et tourbières, guide d'identification*, 1987.

FRANCŒUR , Louis-Gilles. « Le Québec des sculpteurs de paysages », *Le Devoir*, 27 septembre 2000.

FRÈRE MARIE-VICTORIN. *La Flore laurentienne*. Les Presses de l'Université de Montréal, 1964.

GAUTHIER, J. et Y. AUBRY (sous la direction de). *Les oiseaux nicheurs du Québec. Atlas des oiseaux nicheurs du Québec méridional*. Association québécoise des groupes d'ornithologues, Société québécoise de protection des oiseaux, Service canadien de la faune, Environnement Canada, région du Québec, Montréal, 1995.

GENDRON *et al*. *Histoire du Piedmont des Appalaches*. Institut québécois de recherche sur la culture. Les Presses de l'Université Laval, 1999.

GENEST, Bernard. « Le comté de Stanstead : approche ethnologique », dans *La vie quotidienne au Québec. Histoire, métiers, techniques et traditions*, sous la direction de René Bouchard. Les Presses de l'Université du Québec, 1983.

GINGRAS, Pierre. « Exceptionnels à tous points de vue », *La Presse*, 2 décembre 2001.

GINGRAS, Pierre. « Appétit d'oiseaux », *La Presse*, 10 juin 2001.

GRANDTNER, M. M. *La végétation forestière du Québec méridional*. Les Presses de l'Université Laval, Québec,1966.

GROUPE CULTURE ET VILLE, dirigé par Hélène Laperrière. *Promenades estriennes*. Les Éditions du Boréal, 2001.

GROUPE CULTURE ET VILLE, dirigé par Hélène Laperrière. *Promenades montérégiennes*. Les Éditions du Boréal, 2001.

GUY, Chantal. « Les grains d'or des Amériques », *La Presse*, 11 août 2001.

HÉRITAGE MISSISQUOI. *Exposition 2001 : Le Patrimoine religieux du comté de Missisquoi, expression de la foi*. La Société d'Histoire de Missisquoi, Vol. 3, N° 1, mai 2001.

INSECTARIUM DE MONTRÉAL. *L'amiral : l'insecte emblème du Québec*. Ville de Montréal.

JOLICŒUR, Marc-André. « De la Chine à l'Amérique : les peuplements d'érables », dans *L'acériculture au Québec*. Association professionnelle des géographes du Québec et Association des professeurs de géographie du Québec. *Géographes*, mars 1995.

KESTEMAN, Jean-Pierre. *Le peuplement des Cantons-de-l'Est*. Conférence, Lieu historique national Louis-Saint-Laurent, juillet 2001.

KESTEMAN, Jean-Pierre. *Les Écossais de langue gaélique des Cantons-de-l'Est : Ross, Oscar Dhu, Morrison et les autres...* Collection « Patrimoine », Éditions G.G.C., 2000.

KESTEMAN, Jean-Pierre, *et al*. *Histoire des Cantons de l'Est*. Collection « Les régions du Québec ». Institut québécois de recherche sur la culture. Les Presses de l'Université Laval, 1998.

LACASSE, Yves. *Corpus de faits ethnographiques Québécois - Estrie*, (Cantons-de-l'Est). Gouvernement du Québec, ministère du Loisir, de la Chasse et de la Pêche, 1981.

LACOURSIÈRE, E. et J. THERRIEN. *Fleurs sauvages du Québec*. Les Éditions de l'Homme, 1998.

« La franc-maçonnerie ». *LE REFLET DU CANTON DE LINGWICK*, Vol. 14, N° 4, juin 2000.

LAFRAMBOISE, Yves. *La maison au Québec. De la colonie française au XXe siècle*. Les Éditions de l'Homme, 2001.

LAFRAMBOISE, Yves. *Circuits pittoresques du Québec. Paysages, architectures, histoire*. Les Éditions de l'Homme, 1999.

LAFRAMBOISE, Yves. *Les villages pittoresques du Québec. Guide de charmes et d'attraits*. Les Éditions de l'Homme, 1996.

LAMONTAGNE, Gilles et François POTVIN. *Plan de gestion du cerf de Virginie au Québec 1995-1999. L'espèce, son habitat et sa gestion, Le système de suivi, Les principes et les orientations de gestion, Sommaire des consultations et modalités de gestion*. Direction de la faune et des habitats, ministère de l'Environnement et de la Faune du Québec, 1994.

LALIBERTÉ, Guy. « Le paysage, écrin de la poésie », *Le Devoir*, 21 et 22 juillet 2001.

LAMOUREUX, Yves et Matthieu SICARD. *Connaître, cueillir et cuisiner les champignons sauvages du Québec*. Fides, 1999.

LAROUSSE. *Le nouveau Mémo-encyclopédie*, 1999.

LAZAR, Barry. « Mushroom Magic », *The Gazette*, 11 septembre 1999.

LEDUC, Gérard. *Pourquoi célébrer le solstice d'hiver?* Association du Patrimoine de Potton. 2000.

LEDUC, Gérard. *Sur les traces d'une culture disparue dans les Cantons-de-l'Est*. Arkeo Potton. Exposition d'archéologie à la Maison Reilly, à Mansonville, 1998.

LEDUC, Gérard et Paul ROUILLARD. *Potton d'antan. Yesterdays of Potton*. Association du Patrimoine de Potton, 1997.

Les vignerons du Québec. *Prenez la route des vins du Québec*. Carte routière.

LORD, Denis. « L'histoire secrète des pierres », *Le Tour*, Vol. 18, N° 3, printemps 2001.

Maguelonne, Toussaint-Samat. *Histoire*

MINISTÈRE DE L'AGRICULTURE, DES PÊCHERIES ET DE L'ALIMENTATION du québec (MAPAQ). Direction régionale de l'Estrie. Statistiques 2001.

MONT-MÉGANTIC. Panneaux d'interprétation.

MUNICIPALITÉ DE SAINT-MALO. Feuillet d'information et panneaux d'interprétation.

MUNICIPALITÉ RÉGIONALE DE COMTÉ (MRC) DU VAL SAINT-FRANÇOIS. *Panorama culturel du Val Saint-François*. Mars 2000.

MUSÉE DU SÉMINAIRE DE SHERBROOKE. Rédaction, Patrice Bigras *et al. Le Québec au naturel : 27 régions à découvrir.* Publications du Québec, 1992.

MUSÉE MISSISQUOI ET LA SOCIÉTÉ D'HISTOIRE DE MISSISQUOI. *Le Patrimoine religieux du comté de Missisquoi, expression de la foi.* Exposition 2001.

NOËL, André. « Les pluies acides ravagent les érables », *La Presse*, 5 mai 2001.

OUELLET, H. « Les oiseaux des collines montérégiennes et de la région de Montréal, Québec, Canada ». Musées nationaux du Canada, Musée national des sciences naturelles, Ottawa. *Publications de zoologie*, n° 5, 1974.

PAQUETTE, Daniel. « Par les coteaux et les vignobles », *Le Tour*, Vol. 18, N° 4, été 2001.

PAQUETTE, Daniel. *7 parcours géo-touristiques : Rando-guide.* Éditions Rase campagne, 1996.

PARC DE FRONTENAC. *La tourbière structurée, un univers mystérieux.* Feuillet d'interprétation.

PARC DE LA GORGE DE COATICOOK. *Un monde à découvrir !* Guide d'interprétation.

PARC DE LA GORGE DE COATICOOK. Panneaux d'interprétation.

PARC D'ENVIRONNEMENT NATUREL DE SUTTON (PENS). Panneaux d'interprétation.

PARC DU MONT-MÉGANTIC. *De la terre aux étoiles.* Parcs Québec.

PARC DU MONT-MÉGANTIC. GID Design. Salle Pluton sur Terre. Parcs Québec, août 1996.

PARISH OF BROME. Feuillet d'information.

PRESCOTT, Jacques et Pierre RICHARD. *Mammifères du Québec et de l'Est du Canada.* Éditions Michel Quintin, 1996.

PROULX, Richard. « Nos maisons de pierres ». *Le Tour*, Vol. 18, N° 3, printemps 2001.

ROBITAILLE, André et Jean-Pierre SAUCIER. *Paysages régionaux du Québec méridional.* Ministère des Ressources naturelles du Québec. Les Publications du Québec, 1998.

SANCTUAIRE DE SAINTE-ANNE-DE-LA-ROCHELLE. Feuillet d'information.

SANCTUAIRE DU QUARTZ DE BONSECOURS. Feuillet d'information et panneaux d'interprétation.

SÉLECTION DU READER'S DIGEST. *Aux délices du jardinier*, 1994.

SIMARD, Jean et Jocelyne MILOT. *Les croix de chemin du Québec : Inventaire sélectif et trésor.* Les Publication du Québec, Direction des communications du ministère de la Culture et des Communications. Gouvernement du Québec, 1994.

SCHNEIDER, Anny. *Plantes sauvages médicinales : les reconnaître, les cueillir, les utiliser.* Les Éditions de l'Homme, 1999.

SOCIÉTÉ D'HISTOIRE DE NORTH HATLEY. *North Hatley : Un profil historique. « Le village et le peuple »*, 1994.

SOCIÉTÉ D'HISTOIRE DES CANTONS-DE-L'EST. *Loyalistes ou Américains? Seule l'histoire le sait*, 1988.

SOCIÉTÉ D'HISTOIRE DES CANTONS-DE-L'EST avec la collaboration du gouvernement du Québec, ministère des Affaires culturelles. *Protégeons les ponts couverts*, printemps 1987.

SOCIÉTÉ D'HISTOIRE ET DU PATRIMOINE DU HAUT-SAINT-FRANÇOIS. *Terre de croyances : Land of Churches.*

SOCIÉTÉ HISTORIQUE DE STANSTEAD. *Une région frontalière unique : A Unique Border Community.* Stanstead Plain, Rock Island, Beebe Plain, Ogden, Stanstead-Est, Canton de Stanstead. Estrie/Eastern Townships, 1994.

STATISTIQUE CANADA. *Production de fruits et légumes.* Données de juin 2001. N° de catalogue 22-003-XIB.

TOURICENTRE ESTRIE. *Au cœur des Cantons-de-l'Est. Eastern Townships. Circuits, 2000.*

TOURISME POTTON. *Potton... une histoire. Le mont Owl's Head.* Feuillet d'information. Brochure du bicentenaire de Potton, 1996.

UNION DES PRODUCTEURS AGRICOLES DU QUÉBEC (UPA). *Vers un pacte renouvelé : 1988-2005.* Potentiel commercial des secteurs de production agricole du Québec.

VILLE DE COOKSHIRE. *Les sites patrimoniaux de Cookshire. Heritage sites of Cookshire.* Feuillet d'information.

VILLE DE STANSTEAD. Panneaux d'interprétation.

SITES INTERNET CONSULTÉS :

Chronologie de l'instauration de la fête de Noël :
www.webstore.fr/cathhh/noel.htm

Coutumes, traditions, mœurs et art de vivre. Les origines de Noël :
www.france-pittoresque.com/traditions/15.htm

Fiducie foncière du Mont-Pinacle :
www.mont pinacle.ca/definition.htm

Association des *Townships* :
www.townshipsheritage.com/frn/sites/uplands/uplands.htm

Association des vignerons du Québec :
www.vignerons-du-quebec.com/htmfr/historique. htm

Gouvernement du Québec sur les emblèmes : **www.mef.qc.ca/emblemes-quebec.htm**

La fiesta avant J.-C.:
www.canoe.qc.ca/noel/tempo_fiesta.htm

La nuit de Noël :
www.floritel.com/fr1/planete/fetes/noel.htm

Plantation des frontières. La culture des arbres de Noël au Québec:
www.total.net/~fonberg/origine.htm

Les régions naturelles des Cantons de l'Est

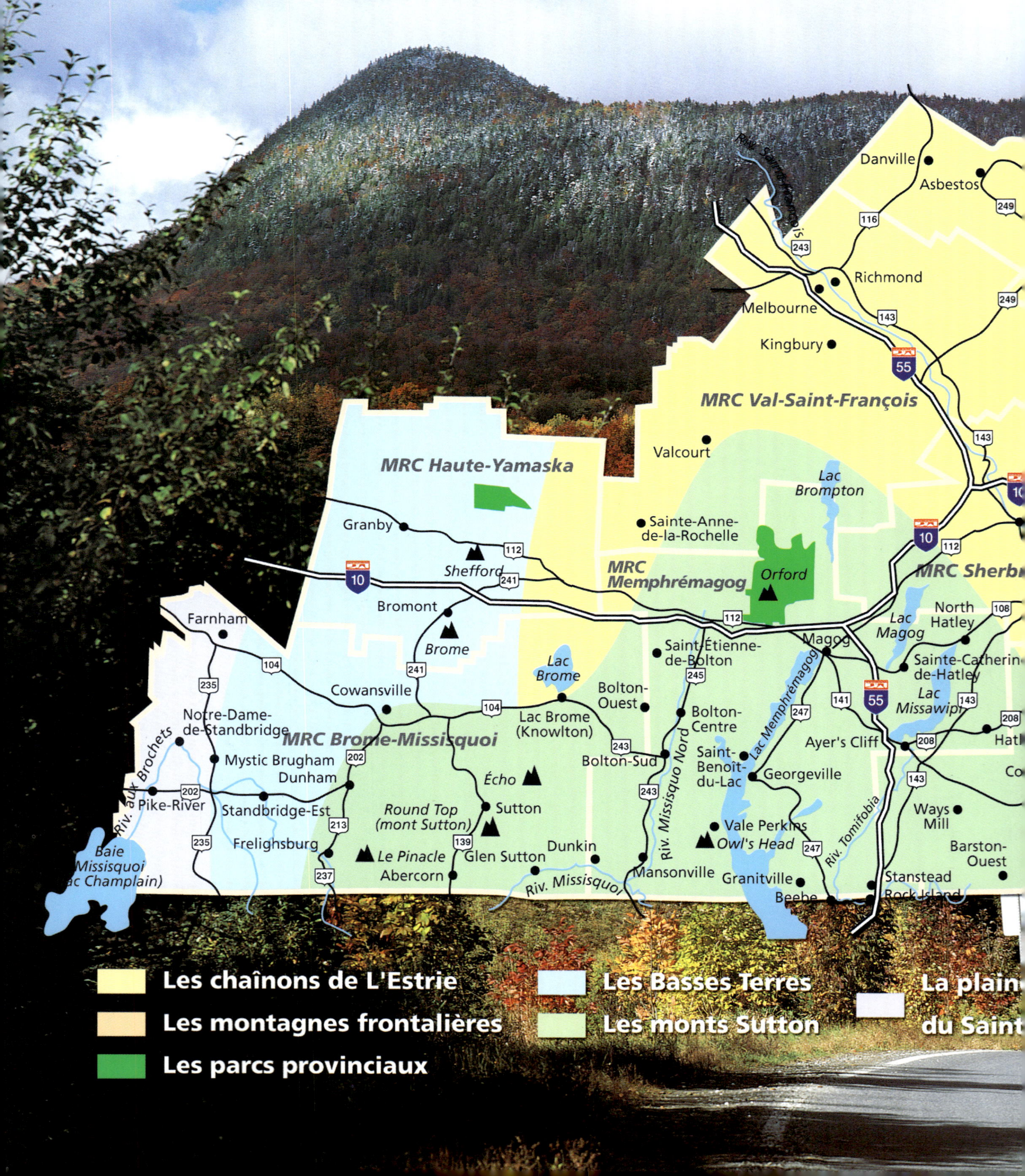

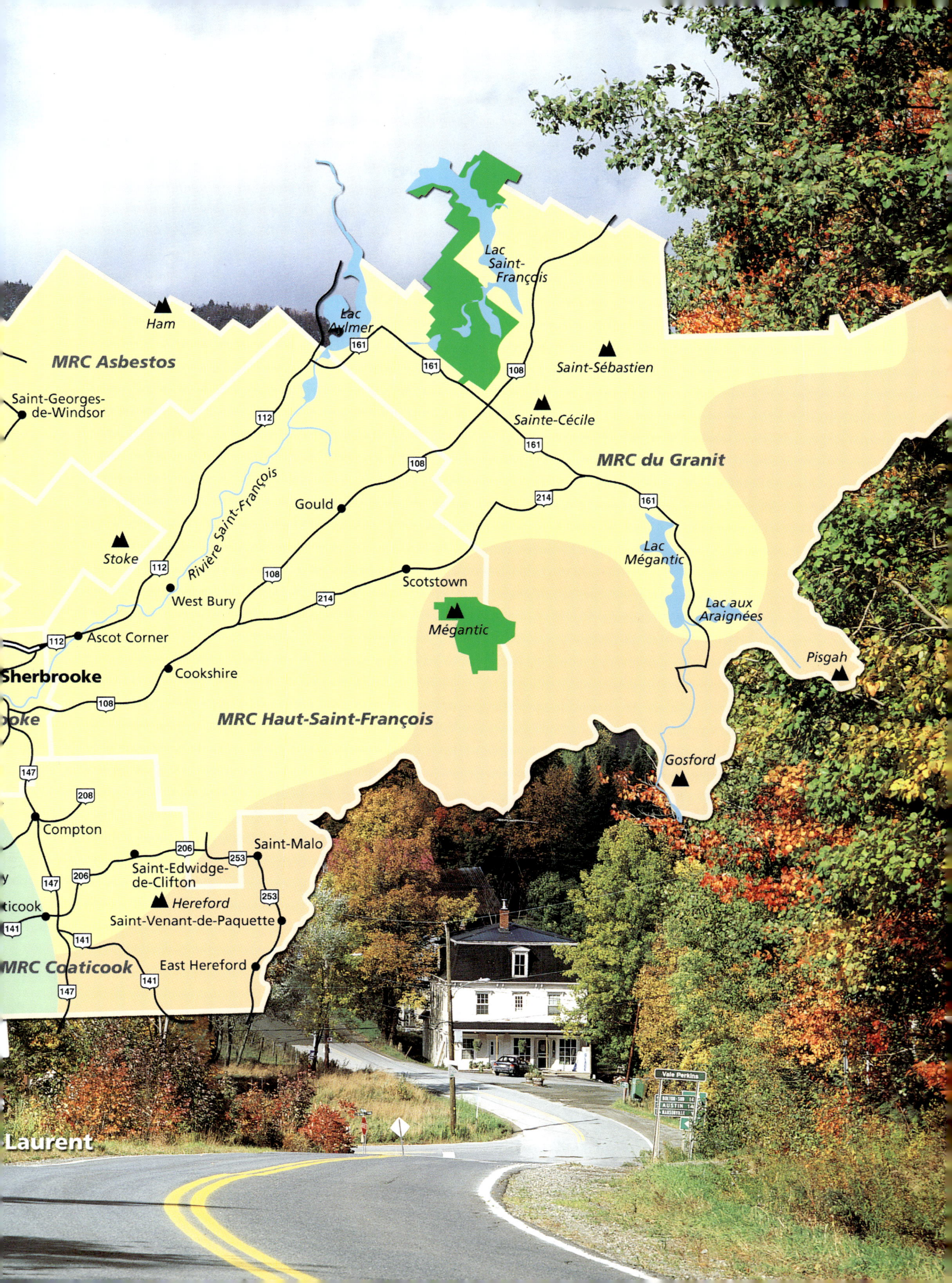
Lac Saint-François
Lac Aylmer
Ham
MRC Asbestos
161
108
Saint-Sébastien
Saint-Georges-de-Windsor
112
Sainte-Cécile
MRC du Granit
Gould
214
Stoke
Rivière Saint-François
Lac Mégantic
Scotstown
West Bury
Lac aux Araignées
Mégantic
Ascot Corner
Pisgah
Sherbrooke
Cookshire
MRC Haut-Saint-François
Gosford
147
208
Compton
Saint-Malo
206
253
Saint-Edwidge-de-Clifton
Hereford
Saint-Venant-de-Paquette
141
MRC Coaticook
East Hereford
Laurent
Vale Perkins